À PIED, À VÉLO

Canal du Midi

DE BORDEAUX À SÈTE AU FIL DE L'EAU

JEAN-YVES GRÉGOIRE

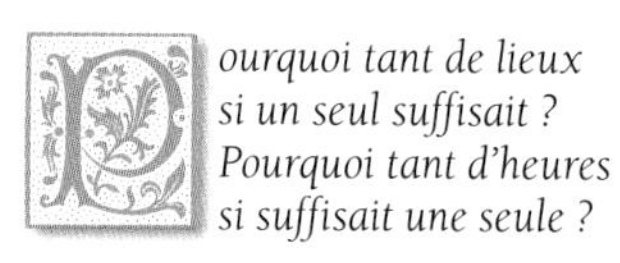

Pourquoi tant de lieux
si un seul suffisait ?
Pourquoi tant d'heures
si suffisait une seule ?

Roberto Juarroz

Toutes les photographies sont de l'auteur
Collaboration et contribution à la recherche historique : Françoise Pinguet

Cartographie : Sandrine Fellay pour Rando Éditions
Maquette : Pierre Le Hong – Rando Éditions
Mise en pages : Julie Christolhomme
Impression : Pollina - L57563

ISBN 978-2-84182-314-7
Dépôt légal : juin 2011 (précédents dépôts légaux : juin 2010, juillet 2008, mars 2007)
Cette édition a été entièrement revue et corrigée concernant les hébergements au fil des étapes

4, rue Maye Lane – 65420 Ibos
rando-editions.com
accueil@rando-editions.com

Tous les ouvrages de Jean-Yves Grégoire (particulièrement ses guides sur les Chemins de Saint-Jacques) sont consultables sur : www.rando-editions.com

À PIED, À VÉLO

Canal du Midi

DE BORDEAUX À SÈTE AU FIL DE L'EAU

DE BORDEAUX À SÈTE AU FIL DE L'EAU (ET MÊME AILLEURS)

La création d'une liaison fluviale entre la Méditerranée et l'Atlantique avait été évoquée dès l'époque romaine, sous les règnes d'Auguste et de Néron. L'intérêt était de favoriser le commerce avec la façade atlantique de la Gaule sans avoir à contourner la péninsule ibérique par des mers périlleuses. Au XVIIe siècle, à la dangerosité des tempêtes océanes, il fallait ajouter l'état conflictuel de l'Europe. Les marines françaises, espagnoles, anglaises et flamandes guerroyaient partout, sans parler des corsaires et autres pirates qui rendaient les mers particulièrement peu sûres. En raccordant les bassins de l'Aude et de la Garonne par une voie d'eau artificielle, on réglait le problème. Jusque-là aucun roi de France n'était parvenu à vaincre la difficulté technique liée au changement de versant et à l'alimentation en eau du futur canal.

Pierre-Paul Riquet, grâce à son génie et à sa ténacité, réfléchit au projet et parvient à convaincre Colbert, ministre du Roi. Les travaux du canal du Midi démarrent en 1666. La voie sera navigable dès 1680, alors qu'il faudra attendre 1856 pour le canal latéral à la Garonne. Avec l'avènement du chemin de fer, puis l'essor du transport routier, les canaux perdront vite de leur utilité et seront négligés à partir des années 1950.

Ils auraient pu sombrer dans l'oubli et l'envasement. C'était sans prévoir les nouvelles formes de tourisme en plein développement au tournant du troisième millénaire. La croisière fluviale remporte déjà un vif succès. Il convient d'ajouter la randonnée pédestre et le cyclotourisme, plus accessibles à tous pour des raisons matérielles et financières, et dont l'engouement ne peut que s'accentuer avec la prise de conscience écologique. Les chemins de halage renaissent, cadres idylliques pour pratiquer ces activités qui allient enrichissement de l'esprit et contact avec la nature.

L'itinéraire de Bordeaux à Sète par les canaux parcourt, à l'écart de l'agitation routière et du bruit, trois régions françaises : Aquitaine, Midi-Pyrénées et Languedoc-Roussillon. En six cents kilomètres, le tracé nous fait découvrir deux millénaires d'Histoire de France. Les stigmates du passé baignent sans interruption les rives des canaux : la civilisation gallo-romaine, le Moyen Âge des troubadours et du pastel comme celui de l'épopée tragique du catharisme et de la croisade albigeoise. L'histoire du canal et celle de son fondateur P.-P. Riquet sont aussi l'occasion d'explorer les siècles des Temps modernes.

De Bordeaux à Sète, la vigne revient comme un leitmotiv, à l'instar de la gastronomie. Nous parcourons des terroirs que le monde entier nous envie. La littérature aussi est bien présente avec Montaigne aux portes de Bordeaux, puis François Mauriac sur les collines de Saint-Macaire. Beaucoup plus loin, la poésie domine avec les Jeux floraux toulousains qui précédèrent de quelques siècles Claude Nougaro. En approchant du Languedoc, on songe à Trenet, puis à Brassens et Paul Valéry en contemplant la Méditerranée depuis le sommet du mont Saint-Clair à Sète.

Les canaux dévoilent leur charme en toutes saisons. Mais l'hiver, avec ses brumes et ses glaces qui ajoutent des notes de mystère aux décors, n'est pas forcément satisfaisant pour les marcheurs et surtout pour les cyclistes en raison de la boue et des risques de verglas. Les saisons intermédiaires demeurent les moments les plus favorables : au printemps, quand les berges se couvrent de fleurs, à l'automne, lorsque les feuillages des platanes ou des vignes s'enflamment et se reflètent dans les eaux vertes des canaux. L'été est souvent torride dans le Midi toulousain, mais l'ombre abondante dispensée par les arbres plantés tout au long des chemins de halage en tempère la canicule. La présence de l'eau apporte également une sensation de fraîcheur.

La grande particularité de cet itinéraire de randonnée est son absence de relief et sa facilité. Entre Bordeaux et Sète, l'altitude maximale ne dépasse pas les 190 m ! Le risque de se perdre est faible, pas de jeu de pistes incertain, il suffit de suivre le canal ! Autre avantage que les marcheurs apprécient à juste titre, les canaux

nous font pénétrer au cœur des villes sans que nous ayons à partager l'espace avec la circulation ou à traverser d'interminables zones industrielles aussi laides que désagréables. Enfin, de nombreux TER font la navette entre Bordeaux et Sète, de quoi faciliter les sauts de puce ou les parcours en boucle. Et ces trains acceptent les vélos ! Tout cela rend le parcours accessible à tous, marcheurs ou cyclistes, jeunes enfants ou seniors d'âge avancé.
Dernier point : de la marche ou du vélo, que faut-il choisir ? C'est fonction du temps disponible et surtout de la préférence de chacun. À vélo, les chemins de halage s'apparentent à de longues pistes cyclables, parfois roulantes, à d'autres moments chaoteuses, parce que truffées de trous et de bosses ou parcourues par des racines. Pour ces raisons, VTC ou VTT seront plus confortables et plus sûrs que des engins racés conçus pour la route. À pied, le parcours entier demande trois semaines et demie de marche, mais il est aisé de le fractionner ou de le raccourcir en sautant des portions. Le voyage n'est jamais monotone, parce que riche de découvertes en tout genre. La marche elle-même pourrait paraître lancinante lorsqu'elle suit pendant des heures un canal bordé de rangées d'arbres. Mais ponts, écluses, ouvrages d'art, animaux aquatiques, villages ou villes, vie des champs accaparent notre esprit à tout instant. Enfin, la présence de l'eau nous fait oublier les turbulences du monde moderne et notre propre agitation intérieure. Les conditions sont réunies pour que la marche devienne une excellente occasion de méditer...

J.-Y. G.

RECOMMANDATIONS GÉNÉRALES

À l'ombre des platanes, des pins parasols et de quelques autres essences (peupliers, cyprès), vous allez partir pour un périple au pays de la quiétude, au fil d'un monde en marge du monde, à l'écart de toute trépidation, à bonne distance du bruit, des nuisances communes. Chacune, chacun peut tenter cette sage aventure, à condition bien sûr de chérir la lenteur, la douceur de vivre, le calme succédant au calme, l'arrondi de l'existence... Il vous faudra cependant un peu de préparation et d'organisation, du bon sens et le désir d'ailleurs, quand bien même cet ailleurs serait à votre porte.
La longue randonnée – plus de 600 km – décrite dans cet ouvrage peut, bien entendu, être découpée différemment, selon votre bon vouloir, vos capacités physiques et/ou financières, votre curiosité plus ou moins aiguisée. Vous allez essentiellement suivre un chemin de halage (recouvert ici de gravillons, là de terre battue, ailleurs de goudron), des chemins vicinaux, des petits routes départementales. Et traverser quelques grandes villes. Sur les chemins de halage, entretenus par les Voies Navigables de France (VNF), vous ne rencontrerez aucun véhicule à moteur (sauf contrevenants...), aucun cavalier (d'une façon générale, pour tout savoir sur les canaux sous la responsabilité des VNF, consultez : www.vnf.fr).

L'ensemble de cette longue randonnée est découpé en vingt-quatre étapes qui sont autant de « segments » destinés aux marcheurs, chacun étant rythmé par des repères de distance et des repères horaires ; vous avez toute latitude pour ne pas les respecter, choisissant d'aller tantôt plus vite, tantôt plus tranquillement. Ce découpage n'est qu'une indication, tenant compte des hébergements, des sites à visiter, etc. Si vous optez pour le deux roues, de Bordeaux à Toulouse le découpage tombera à cinq étapes, et autant de Toulouse à Sète (voir p. 120).
Comme tout randonneur, vous respectez les lieux traversés, vous ne les souillez pas. Vous faites montre de courtoisie avec les pêcheurs à la ligne, les éclusiers, les touristes voguant en pénichette (liste non limitative). Vous ne vous baignez pas dans les canaux, vous ne lâchez pas votre chien au milieu des troupeaux. Vous gardez les sens en éveil, vous êtes curieux du monde, vous goûtez les mets et les vins des terroirs. Et si vous voulez en savoir plus sur les canaux, objets de ce guide, vous consultez www.canal-du-midi.com (où vous prendrez connaissance, entre autres choses, des périodes de « chômage », c'est-à-dire des dates où la navigation n'est pas possible sur tel ou tel tronçon).

LES CARTES

Pour chaque étape, nous indiquons les références des cartes IGN (série bleue) au 1/25 000 (1 cm = 250 m) utiles pour qui veut suivre le plus minutieusement possible les étapes proposées. Il n'est pas inutile de se procurer les feuilles au 1/100 000 (1 cm = 1 km), généralement suffisantes pour s'aventurer hors des chemins de halage. Pour sortir de Bordeaux : la carte n° 145 (Bordeaux-Arcachon). Puis la carte n° 160 (Agen-Marmande) pour s'en aller au-delà d'Agen. Il vous faudra alors un petit bout de la feuille 161 (Montauban-Albi) pour traverser Castelsarrasin. Enfin, successivement, les cartes 168 (Toulouse-Pamiers), 169 (Bézier-Castres) et 170 (Montpellier-Nîmes) vous permettront de filer plein est et d'arriver à bon port. Les cartes schématiques figurant dans le guide sont à une échelle approchant le 1/100 000 ; elles se lisent de bas en haut pour éviter tout problème de latéralisation. Les lieux marquant les repères horaires dans le texte sont mentionnés en gras sur ces cartes.

Curiosité architecturale
Curiosité technique

LES HÉBERGEMENTS

Les adresses des hébergements contenues dans ce guide ne sont pas les seules établies le long de votre route. Ce sont les plus évidentes et les plus proches (rarement à plus de 1,5 km hors du chemin – dans ce cas nous indiquons HC). Surtout : pensez à réserver (de même, téléphonez si vous annulez). Ici un hôtel-restaurant (HR), là une chambre d'hôtes (CH), ailleurs un gîte d'étape (GE), voire un camping (C). Vous n'y trouverez pas d'hôtel cinq étoiles... Renseignez-vous pour connaître l'ensemble des prestations proposées et les prix pratiqués. Pour avoir un maximum d'adresses entre Toulouse et Agde, vous pouvez consulter l'ouvrage de Lauriane Clouteau, *Le Canal du Midi – Guide du Randonneur.*

L'ÉQUIPEMENT DE BASE

Veillez à rester modestes quant à vos capacités techniques et d'endurance, et surtout soyez attentif au niveau de la personne supposée la plus faible de votre groupe.
Partez assez tôt le matin, la lumière est plus belle, vous éviterez les éventuels orages de fin de journée et vous aurez suffisamment de temps devant vous pour organiser votre journée.
Veillez à emporter un équipement minimum : des vêtements pour vous couvrir – au moins un second tee-shirt sec pour chaque journée de marche, une polaire pour les moments de fraîcheur et les soirées au bord du canal, une veste en Gore-tex et un pantalon de marche de rechange –, d'autres pour vous divertir (mais visez léger), lunettes de soleil, couvre-chef et crème solaire, une nourriture adaptée à l'effort et au moins 1 litre d'eau par personne. Le tout rangé dans un sac à dos confortable et bien équilibré. N'oubliez pas les produits et accessoires de toilette, pensez également à vous munir d'une petite trousse à pharmacie.
Les chaussures idéales en randonnée sont à la fois souples et maintiennent bien la cheville, en l'occurrence, pour cette randonnée sans dénivelé et sans rochers, de bonnes tennis bien crantées peuvent suffire.
Consultez les bulletins locaux de prévisions météo par téléphone : 08 99 71 02 + n° du département.
Aujourd'hui, on trouve un téléphone portable dans la majorité des sacs à dos car il est devenu un nouvel élément de sécurité. Sachez toutefois que les aires de fonctionnement sont encore limitées et, avant d'appeler un numéro de secours, jugez si vous disposez d'un autre moyen d'action. On n'appelle pas un hélicoptère pour une luxation du poignet...
Ramenez toujours vos déchets dans un sac poubelle que vous aurez prévu à l'avance et sachez qu'un détritus caché sous un caillou pollue autant que s'il n'est pas à l'abri du regard.
Enfin, la vigilance et la modestie vis-à-vis des difficultés du jour et des conditions atmosphériques sont les meilleures qualités du randonneur. Il évite ainsi les accidents, il sait renoncer et conserve toutes ses capacités pour revenir quelques jours plus tard, dans de meilleures conditions.

Bordeaux rive gauche

Bordeaux Cambes

ONTEMPLER la façade fluviale de Bordeaux depuis le pont de Pierre rend le départ aussi solennel que déchirant. L'eau a le pouvoir de magnifier les villes qui s'y reflètent. On songe à Venise, à New York, à Saint-Pétersbourg... Ce n'est sans doute pas un hasard si la capitale girondine est jumelée à l'ancienne cité des tsars de Russie. Leur beauté et leur élégance classique rivalisent à travers leur architecture. Bordeaux incite aussi aux départs. Au siècle dernier, des transatlantiques partaient d'ici vers l'Océan, vers l'Amérique latine et d'autres ailleurs, tandis que les barriques de vins et divers matériaux ayant descendu la Gironde étaient débarqués le long des quais. C'est vers cet amont plein de promesses et de richesses que nous dirigeons nos pas : vignobles et villages de l'Entre-deux-Mers sont au programme de cette première étape. Le but ultime de notre périple est aussi la mer : la Méditerranée.

Cartes utiles

- 1536 O Bordeaux
- 1537 E La Brède

Renseignements pratiques

BORDEAUX (33000)

- OT, 12 cours du 30-Juillet, 05 56 00 66 00, www.bordeaux-tourisme.com
- CDT, 21 cours de l'Intendance, 05 56 52 61 40, www.tourisme-gironde.fr
- Tous équipements, gares SNCF et routière, aéroport
- AJ, 108 pl., 22 €/p., pdj compris, coin cuisine, accueil de 7h30 à 1h30, 22 cours Barbey, 05 56 33 00 70, www.auberge-jeunesse-bordeaux.com
- H La Maison du Lierre, 12 ch., 65 à 99 €/ch., pdj 7,90 €, 57 rue Huguerie, 05 56 51 92 71, www.maisondulierre.com

→ H Dauphin, 13 ch., 52 à 62 €/1 à 2 p., pdj compris, 82 rue du Palais-Gallien, 05 56 52 24 62

→ Studiotel Le Blayais, 35 à 56 €/1 à 4 p., 17 rue Mautrec, 05 56 48 17 87

→ H Clémenceau, 29 ch., 30 à 80 €/1 à 4 p., pdj 5,50 €, 4 cours Clémenceau, 05 56 52 98 98, www.hotel-bordeaux-clemenceau.com

→ H Saint-Rémi, 15 ch., 45 €/ch., pdj 5 €, 34 rue Saint-Rémi, 05 56 48 55 48

QUINSAC

→ HR Le Robinson, 3 ch., 60 à 75 €/1 à 3 p., pdj 8,50 €, repas 27 €, 232 Esconac, 05 56 21 31 09, www.le-robinson.fr

→ CH Villa Joséphine, 1 ch., 56 à 80 €/1 à 3 p., 16 chemin du Plataing, 06 88 26 35 50, www.villa-josephine.com

CAMBES (33880)

→ CH Songes au Lit du Fleuve, 1 ch., 72 €/2 p., Grand Port, 05 56 21 35 59, www.songesaulitdufleuve.blogspot.com

→ CH Dana, 2 ch., de 50 à 60 €/1 à 2 p., 265 Henry-de-France, 06 66 15 82 83

00,0 Bordeaux. Départ de l'esplanade des Quinconces : remonter les quais vers le pont de Pierre que l'on franchit au-dessus de la Garonne. À l'autre extrémité, virer à droite pour longer la rive droite par le quai Deschamps.

02,4 Passer sous un pont routier, puis ferroviaire. Continuer tout droit (trottoirs). Laisser à gauche l'embranchement vers Bouliac.

05,3 Feux. Laisser la route tirer à gauche. Continuer le long de la piste cyclable en bordure de la Garonne (la route est à demi fermée à la circulation). À 600 m, passer sous le pont François-Mitterrand (la rocade). Dès lors, la piste est bordée de belles propriétés.

09,1 La piste vire à gauche pour s'éloigner de la Garonne. Passer un carrefour giratoire, poursuivre en face pour entrer dans...

2h35 10,3 Latresne. Quitter la route pour suivre à droite la piste cyclable (en direction de Sauveterre-de-Guyenne). Après 600 m, dans le bourg de Latresne (en contrebas du château), couper la D 10, poursuivre en face par la piste.

12,5 Après avoir longé un étang, carrefour (cote 12 m) : laisser le parking à gauche, monter à droite une petite route, l'allée Bernadotte qui serpente entre des habitations. Après 700 m, stop : emprunter la D 240 à droite sur 100 m.
Au premier embranchement : à gauche (croix de Beylot), prendre en descente

Le grand théâtre de Bordeaux

vers Camblanes. Beau paysage de vignes et châteaux.

13,8 Au point bas, emprunter à droite le chemin de Lourqueyre.

13,7 Carrefour dans Camblanes et Meynac : monter en face (un peu à droite) le chemin de Fontbonne. À la fourche, poursuivre en face en laissant l'embranchement à droite. Au stop : monter à gauche la D 14 vers la château Courtade. Passer un carrefour giratoire, poursuivre par la D 14 jusqu'à…

3h40 **14,7** **Camblanes-et-Meynac,** parvis de l'église. Belle vue sur la plaine de la Garonne. Descendre la rue principale vers la mairie, puis, en face du Super U, descendre à droite la C 11. Laisser un embranchement à gauche au point bas pour suivre à droite le chemin du Carat à travers un vallon.

15,6 Carrefour : obliquer à gauche vers Quinsac par le chemin de Cluzeau, bordé par un vieux mur et un ancien lavoir. En haut de côte, carrefour en T : prendre à droite, puis aussitôt à gauche (en sens interdit) jusqu'à…

4h10 **16,6** **Quinsac.** Place de l'Église. Emprunter la route vers Capéranis. Après 300 m, utiliser à gauche une piste goudronnée, puis pierreuse, à travers les vignes.

17,3 On touche une route : suivre à droite pour passer devant le cimetière. Laisser à droite le chemin du Calvaire, suivre la route assez paisible avec des bas-côtés herbeux. Laisser à gauche le château de Roquebert, puis à droite le château d'eau !

18,5 Au carrefour en T : suivre à gauche. À 200 m de là, dans un carrefour en triangle, virer tout à droite. Route étroite, bordée de vignes, puis en sous-bois. Dans le point bas se dresse le château de l'Ardit. Juste après, stop : descendre à droite.

5h00 **20,2** **Cambes.** Stop : emprunter à gauche la D 10 jusqu'au port sur la Garonne.

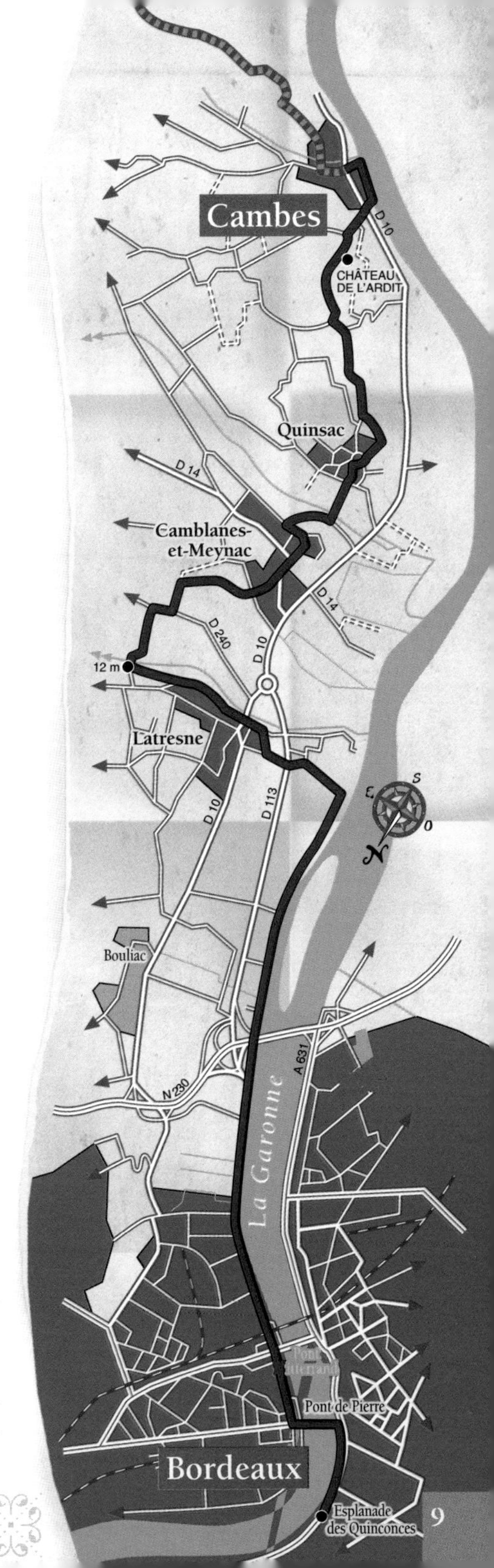

BORDEAUX, LE VIN, LE PORT

L'histoire de Bordeaux est intimement liée au vin. Les Gaulois cultivaient certainement la vigne, mais l'arrivée des Romains active le commerce vinicole. Si au début de la conquête romaine, le vin est importé d'Italie, il va être rapidement produit sur place grâce à l'introduction d'un cépage, la biturca. Mais le port de Burdigala voit passer de multiples denrées. Des navires grecs, bretons, celtes ou ibères chargent et déchargent du blé, de la vaisselle, du cuivre, de l'étain et bien d'autres marchandises. La Garonne qui s'unit plus loin à la Dordogne pour former la Gironde jouit des marées et offre un lieu de repos pour les marins. La courbe de la Garonne que suivent les contours de la cité lui vaut le surnom de port de la Lune et figure sur les armoiries de la ville. Le poète Ausone, né à Burdigala au IVe siècle la chantera dans ces termes : « Toi qu'illustrent tes vins et tes fleuves ». La place stratégique de Burdigala lui vaut un développement rapide et même la création d'une université en 286. Les traces de cette époque prospère sont encore visibles au palais Galien, où l'on peut visiter les vestiges d'un amphithéâtre, ou au musée d'Aquitaine.

La porte Cailhau

Les siècles suivants se révèlent mouvementés. Diverses invasions déferlent sur l'Aquitaine en général et Burdigala en particulier, apportant leur lot de destructions : Huns, Vandales, Wisigoths, Vascons, Arabes...

LA DOMINATION ANGLAISE

Au XIIe siècle, une ère importante commence pour Bordeaux, celle de la domination anglaise, dont Aliénor d'Aquitaine est la clé de voûte. Fille de Guillaume d'Aquitaine, et sa seule héritière, elle a épousé en 1137, à l'âge de quinze ans, Louis VII, roi de France. C'est une union politique bien sûr. Dans son escarcelle, elle amène toute la riche Aquitaine au roi dont les possessions se limitent à l'Ile de France. Mais elle est la petite fille d'un poète paillard, Guillaume IX d'Aquitaine, et Louis est surnommé le Roi-Moine. Cette union de l'eau et du feu sera dissoute au bout de quinze ans. Moins de deux mois après le divorce, Aliénor épouse Henri de Plantagenêt qui devient, deux ans plus tard, roi d'Angleterre. Ce mariage est catastrophique pour la couronne française dont le domaine est dérisoire en regard des possessions anglaises. Il sera à l'origine de la guerre de Cent Ans, mais en attendant, il assure l'âge d'or du Bordelais dont les vignobles s'étendent. Les Anglais apprécient en effet le claret, vin primeur d'un rouge clair, et Bordeaux jouit de privilèges fiscaux et commerciaux. Le commerce du vin devient la pierre angulaire de la richesse bordelaise, au point que le vol d'une grappe de raisin se paie d'une oreille coupée. Le retour dans le giron français s'effectue avec soubresauts et batailles, les Bordelais renâclant à perdre leurs privilèges. En 1453, la bataille de Castillon marque la fin du règne anglais. Deux mille personnes émigrent en Angleterre.

LES XVIe ET XVIIe SIÈCLES

Ces deux siècles sont marqués par plusieurs révoltes contre Paris. Les Bordelais supportent difficilement de renoncer à l'autonomie qui était la leur sous la domination anglaise et aux avantages fiscaux qui en découlaient. Disettes, frondes et épidémies du XVIIe siècle contribuent aux difficultés économiques. Finalement, Louis XIV reprend le tout d'une main de fer. Cependant, le port continue de prospérer. Au XVIIe siècle, une nouvelle clientèle, celle des Hollandais, fait évoluer le commerce vinicole. De nouvelles techniques permettent la conservation du vin qui ne se pique plus. Les Anglais raffolent de ce nouveau breuvage.

LE XVIIIe SIÈCLE

C'est l'âge d'or de Bordeaux. Une lettre patente du roi lui permet, à l'instar de Nantes, La Rochelle, Rouen et Saint-Malo, de faire négoce d'esclaves. C'est le commerce triangulaire. Les bateaux partent d'Europe vers l'Afrique, chargés de pacotille qu'ils échangent contre des hommes noirs. Puis les expéditions filent vers les Antilles vendre ce butin humain considéré indispensable aux plantations de canne à sucre, de coton, de café. Les navires embarquent les précieuses denrées qui seront vendues dans toute l'Europe du Nord. De nombreuses familles hollandaises et anglaises s'installent et se lancent dans le négoce du vin. Étonnamment, c'est le nom du négociant qui figure sur l'étiquette et non celui du producteur. C'est une époque de fortunes rapides, et la population de cet Eldorado triple en cinquante ans. La ville se transforme et s'ouvre sur le fleuve avec la Place Royale et sa façade de pierre de 1 km, une des plus longues du monde. C'est le premier port français. S'il n'y a

pas de pont pour franchir le fleuve – le premier, le pont de Pierre ne sera construit qu'en 1822 –, c'est pour ne pas gêner le passage des bateaux. Gabarres, frégates et navires de gros tonnage valsent sans fin, et le va et vient des ouvriers maritimes sur la berge constitue un spectacle que vient admirer l'élite bordelaise.
Ce siècle s'achève par une période plus austère en raison de la Révolution, de mauvaises récoltes et de la concurrence des ports mieux aménagés de Marseille et du Havre.

À PARTIR DU XIXe SIÈCLE ...

Les progrès de la viticulture permettent de meilleurs rendements et un commerce florissant. Un agronome, le docteur Guyot, améliore la taille de la vigne. Il marche sur les traces de saint Martin, qui avait observé que les ceps broutés par son âne donnaient davantage de grappes. Cependant, aux alentours de 1870, le phylloxéra et le mildiou font des ravages. Heureusement, on découvre la bouillie bordelaise. Non ! Ce n'est pas un dessert, mais une recette destinée à protéger la vigne des attaques du mildiou. Il s'agit d'un mélange de sulfate de cuivre, de chaux vive et d'eau, inventé par Alexis Millardet et Ulysse Gayon, professeurs à la faculté des Sciences de Bordeaux. Mais les activités portuaires se déplacent, et le port de Bordeaux n'existe pour ainsi dire plus de nos jours.

À TRAVERS BORDEAUX

Celle qui fut longtemps considérée comme la plus belle ville de France a vécu plusieurs années dans les travaux pour retrouver sa splendeur passée. Plusieurs de ses monuments sont classés au patrimoine mondial de l'Unesco. Mais point n'est besoin de les visiter pour apprécier le charme et le contraste des rues, places et placettes bordelaises. La rue Sainte-Catherine, animée, affiche de délicieuses vitrines alors que le cours de l'Intendance est plus luxueux et hiératique. Les allées de Tourny portent le nom d'un urbaniste de Louis XV qui transforma radicalement la ville en ouvrant plusieurs artères. Ces allées ombragées étaient propres au *paseo* des élégantes. De multiples restaurants et terrasses permettent de se restaurer et de savourer la gastronomie du Sud-Ouest agrémentée, il va de soi, des fleurons du vignoble bordelais.

LE GRAND THÉÂTRE

Au XVIIIe siècle, Bordeaux rivalise avec Paris d'un point de vue culturel. Le Grand Théâtre de style néo-classique, qui accueille aujourd'hui un orchestre et un ballet nationaux, a été construit à la fin du siècle par Victor Louis, architecte parisien. Les douze colonnades de son péristyle sont surmontées d'autant de statues, représentant les neuf muses et trois déesses grecques. L'escalier intérieur dont la montée permettait la mise en valeur des toilettes a été copié par Charles Garnier lorsque celui-ci conçut l'Opéra de Paris.
(Visite selon représentations. S'adresser à l'office de tourisme.)

L'ESPLANADE DES QUINCONCES ET LE MONUMENT AUX GIRONDINS

Emplacement de l'ancien château Trompette édifié après la guerre de Cent Ans. Les statues de deux personnages importants de la ville et de la littérature française veillent. Il s'agit de Montaigne qui fut maire de Bordeaux et de Montesquieu, parlementaire. Le monument aux Girondins a été érigé à la fin du XIXe siècle. Favorables à un état fédéral, les députés Girondins s'opposèrent au centralisme des Jacobins, Ils furent accusés de remettre en question l'unité de la République et furent décapités en 1792.

LES CHARTRONS

Ce quartier doit son développement aux Hollandais et aux Anglais. Les maisons des négociants étaient toutes bâties sur le même modèle : un lieu de vie à l'étage qui surmontait les chais de 300 m de long. Une exception : le musée des Chartrons, qui occupe une maison dont les chais sont en hauteur. Là étaient entreposées les barriques, ancêtres des containeurs, qui servaient à transporter toutes sortes de marchandises. Il paraît que le fromage de Hollande a acquis sa couleur rouge en voyageant dans les barriques qui avaient convoyé le vin vers les pays du Nord. Il reste de cette époque faste un lieu plein de douceur de vivre.

LA PLACE DE LA BOURSE

Les pavés de cette place viennent d'Europe du Nord. Ils servaient de lest aux navires ayant déchargé leurs marchandises. Édifiée au milieu du XVIII siècle, la place est d'une remarquable unité architecturale. Les façades sont ornées de nombreux mascarons (de l'italien *maschere*, masque). Elle accueillait la douane et la bourse maritime.

LE LONG DE LA GARONNE, CHEMIN FAISANT

Depuis nos premiers pas à travers Bordeaux, le fleuve accompagne notre marche. Au fil de notre périple jusqu'à Toulouse, nous le franchirons maintes fois, lui serons fidèle de temps à autre, lui préférerons souvent le canal latéral avec lequel il est plus facile de flirter en suivant les chemins de halage. Nos chemins divergeront définitivement dans la Ville rose. Au-delà, la Garonne

se dirigera vers les Pyrénées où elle prend sa source, tandis que nous filerons vers le sud-est et la Méditerranée. Cette rivière est capricieuse, sauvage, capable de prompts débordements, irriguant ainsi des zones humides appelées *palus*. En aval de Bordeaux, dans le plus grand estuaire d'Europe, la Gironde, ou bien ici en amont de la capitale girondine, la Garonne subit les humeurs de l'Océan, vit au rythme des marées qui charrient à contre-courant des tonnes de sable et de limon. Cela explique ses changements de couleurs qui varient du jaune de chrome au terre de Sienne.

LATRESNE

La commune tire son nom de l'ancienne pratique de la pêche à l'alose à la traîne. En raison de la piste cyclable, le lieu est très prisé les week-ends par les Bordelais joggers, cyclistes ou les gourmets qui accourent au marché fermier du dimanche matin. Latresne est dominée par le clocher de l'église Saint-Aubin, construite au XVIe siècle, mais très remaniée par la suite. Le bourg, compte également deux châteaux : celui de la Salargue, une noble demeure du XVIIe siècle, restaurée à la suite d'un incendie en 1845, et le château de Latresne, occupé par le Centre de formation et de perfectionnement aéronautique, et par conséquent interdit aux visites.

EN CHEMINANT PAR LES COTEAUX

La vigne nous entoure dès la sortie de Latresne. Elle fut plantée sur ces coteaux dès l'époque romaine. Les premières côtes de Bordeaux s'étendent sur une soixantaine de kilomètres le long de la Garonne, depuis les portes de Bordeaux jusqu'à Saint-Maixant. Le vignoble large de 4 à 5 km s'étire le long des coteaux argilo-calcaires de l'Entre-deux-Mers qui surplombent le fleuve. Les vins produits sont principalement des rouges, mais aussi des blancs moelleux.

CAMBLANES

C'est un bourg très ancien où l'on a découvert les vestiges d'une villa romaine. Un vallon où les vergers se partagent l'espace avec la vigne nous sépare de Quinsac. Ce village a su conserver un charme suranné et de l'authenticité avec de jolies maisons de village, quelques nobles demeures. Le bourg est cerné par les domaines viticoles, dont le château Lestange et le château Péconnet. À côté de l'église paroissiale et du presbytère édifiés au XIXe siècle, on trouve la fontaine Sainte-Catherine, qui le 25 novembre, jour de la célébration de la sainte, laisse couler à flots le vin de clairet, produit essentiellement sur la commune. Ce vin très caractéristique, à mi-chemin du rouge et du rosé, qui se buvait déjà au Moyen Âge, se reconnaît à son léger pétillement, son caractère fruité et frais. Il est obtenu à partir de cépages nobles rouges du Bordelais. Les processus de sa vinification sont identiques à ceux des vins rouges, cependant, on écourte la durée de contact entre le jus et les pellicules colorées en les séparant, avant qu'il ne poursuive sa fermentation alcoolique.

CAMBES

La fondation du village remonte au XIIe siècle. Son économie a toujours reposé sur l'activité de la pêche et le commerce du port. Aujourd'hui, il ne reste plus qu'un seul pêcheur professionnel d'aloses, de lamproies et d'anguilles. Le port est une halte nautique réservée à la plaisance, bordé par une promenade que jalonnent de belles habitations en pierre blonde.

Latresne

Cambes
Cadillac

ANS LA CONTINUITÉ de la première étape, nous nous acheminons de Cambes à Langoiran par des petites routes de coteaux, bordées de vignobles. Au passage, nous admirons quelques beaux châteaux auxquels se rattachent des crus de renom : Sentout, La Caussade, Lagarosse. Après Langoiran, nous renouons avec les vestiges du passé en découvrant une forteresse en ruine et l'église romane de Lestiac. Les berges de la Garonne nous tiennent compagnie désormais jusqu'à la cité médiévale de Rions, puis Beguey et enfin Cadillac. Ici encore, château et portes monumentales témoignent de l'histoire prestigieuse de la ville. Cette renommée a traversé l'Atlantique. N'oublions pas qu'aux États-Unis, le nom Cadillac est associé à une marque de berlines luxueuses !

Cartes utiles

- 1537 E La Brède
- 1637 O Podensac

Renseignements pratiques

LANGOIRAN (33550)

- Auberge de la Chapelle, 6 rue de la Chapelle, 05 56 76 26 27
- CH Les Amis du Château, 6 pl. en 3 ch., 60 à 100 €/2 à 4 p., 05 56 67 12 00, www.chateaumedievaldelangoiran.com

CADILLAC (33410)

- OT, 9 pl de la Libération, 05 56 62 12 92, www.cadillac-tourisme.com
- 4 km av. Cadillac : CH Château (viticole) Salins, 3 ch., 65 à 90 €/2 à 3 p., Rions, 05 56 62 92 09, www.chateausalins.monsite-orange.fr
- 4 km av. Cadillac : CH Château (viticole) du Broustaret, 14 pl. en 5 ch., 55 à 75 €/2 à 3 p., Rions, 05 56 62 96 97, www.pagesperso-orange.fr/broustaret/

→ C intercommunal des Coteaux de Garonne, 30 empl., 8,30 €/p., 15/06 au 15/09, 05 56 6272 98

→ HR Détrée, 15 ch., 28 à 65 €/1 à 2 p., pdj 6 €, 22 av du Pont, 05 56 62 65 38

→ R L'Entrée Jardin, 27 av du Pont, 05 56 76 96 96 (fermé 15 jours en août)

→ CH Les Logis du Cros, 4 ch., 40 à 60 €/2 à 3 p., 10 rue du Cros, 05 56 62 91 79

Château de Sentout

00,0 Cambes, le port. Longer la rive vers l'amont. Après 500 m, virer à gauche pour rejoindre le carrefour avec la D 10, devant l'église. Emprunter en face la D 121 vers Créon.

01,1 Quitter la route pour grimper à droite vers le cimetière et le domaine Bellevue.

02,0 Stop et carrefour (cote 71) : laisser à gauche et en face vers SaintJames, prendre à droite. Belle vue sur la plaine de la Garonne. Dans la descente, au niveau du calvaire, monter à gauche vers Canteloup.

03,5 Stop avec la D 115 : faire quinze mètres à gauche, puis prendre en face. Passer le hameau de Blanche. Au carrefour en T : prendre sur la gauche (en face) vers Constantin.

04,2 Stop : poursuivre en face vers le château la Caussade. Passer au pied d'un grand calvaire. Poursuivre en face afin de passer devant le château Sentout, puis le château la Caussade. À la première bifurcation, monter à gauche. À 250 m, seconde bifurcation : descendre à gauche pendant 150 m, puis virer tout à gauche (cote 74) vers le château Lagarosse.

05,6 Bifurcation en contrebas du château : descendre à droite (SSE) vers Bigorre et Tabanac. Au point bas, laisser la route à droite vers Rouquey, grimper tout droit. Dans la montée, obliquer à droite vers...

1h45 06,9 Tabanac. Place l'Église. Laisser à gauche la mairie. Au stop : prendre à droite vers le Tourne. À 150 m, obliquer à droite vers Château Laclide (2,5 T). Fin du goudron, poursuivre par un chemin herbeux et profond.

07,7 On bute sur le coude d'une route, à descendre à gauche. Laisser à gauche le Mesnil, belle propriété. À la bifurcation : suivre à droite. Au niveau du cimetière, s'engager à gauche dans un raidillon qui débouche en bas sur la route, à suivre à gauche jusqu'au...

08,4 Stop : emprunter à droite l'avenue des Écoles vers le Tourne. À 200 m, au feu, tourner à gauche par l'avenue Lieutenant-Rouch (D 10).

2h10 08,8 Langoiran. Au carrefour, suivre à droite la D 10 vers Portets. En tirant à droite, on rejoint la rive de la Garonne, plus agréable à longer. Passer sous le pont métallique.
Au stop : emprunter à droite la D 10 pourvue de trottoirs et bas-côtés. Laisser à gauche le château la Gardera.

10,9 Le Pied du Château : quitter la D 10 pour monter à gauche la D 119. Emprunter aussitôt à droite la rue Guillaume-d'Affis vers un parking en contrebas de la forteresse ruinée. Monter à gauche une ruelle jusqu'au lavoir où l'on vire à droite pour longer le pied de la muraille. Ce chemin goudronné domine la Garonne. Il se poursuit par un sentier en descente.

11,4 On touche le coude d'une route, à emprunter en face. À la bifurcation (près d'une bâtisse ruinée) : virer à gauche

sur dix mètres, puis suivre le chemin de Banastrayre. Au T : prendre à gauche le chemin de Marsam.

3h00 12,1 **Lestiac**, église et mairie ; poursuivre tout droit jusqu'à rejoindre la D 10 qu'on suit à gauche pendant 200 m.

12,8 Quitter la D 10 et s'engager à droite sur le chemin de Rousselin vers le Cap Horn ! Le chemin vire à gauche pour longer la Garonne.

13,5 La piste part à gauche : continuer tout droit par un chemin de terre (balisage jaune) parallèle à un bras de la Garonne. Par une piste goudronnée, on longe le village du Paillet.

14,5 Fin du goudron : suivre droit devant un chemin terreux, puis herbeux, qui passe près du château du Paillet. Retour sur le goudron parmi les vignes. Après 1900 m, carrefour en T (devant les chais de Rions) : bifurquer à gauche, puis aussitôt à droite pour pénétrer dans le village.

4h10 16,6 **Rions.** Place de la Mairie, avec la tour médiévale à droite. Passer sous la porte pour entrer dans le village en laissant l'église à gauche. Suivre la rue Lavidon. À l'extrémité de la rue, faire quelques mètres à droite, puis prendre à gauche le chemin qui longe une belle demeure.

18,0 Lieu-dit Baquey. Notre piste vire à gauche : continuer tout droit, parallèlement à la Garonne, par un chemin qui devient un étroit sentier.
Après 750 m, retour sur le goudron, on passe peu après sous un pont qui enjambe le fleuve, et on poursuit tout droit jusqu'à…

19,7 Béguey. Laisser à main gauche l'église qui domaine la plaine. Poursuivre par la rue des Écoles. Passer un stop. Au second carrefour (monument aux morts), la D 10 nous arrive par la gauche : l'emprunter en face vers…

5h30 21,7 **Cadillac,** Rejoindre le centre en longeant le château.

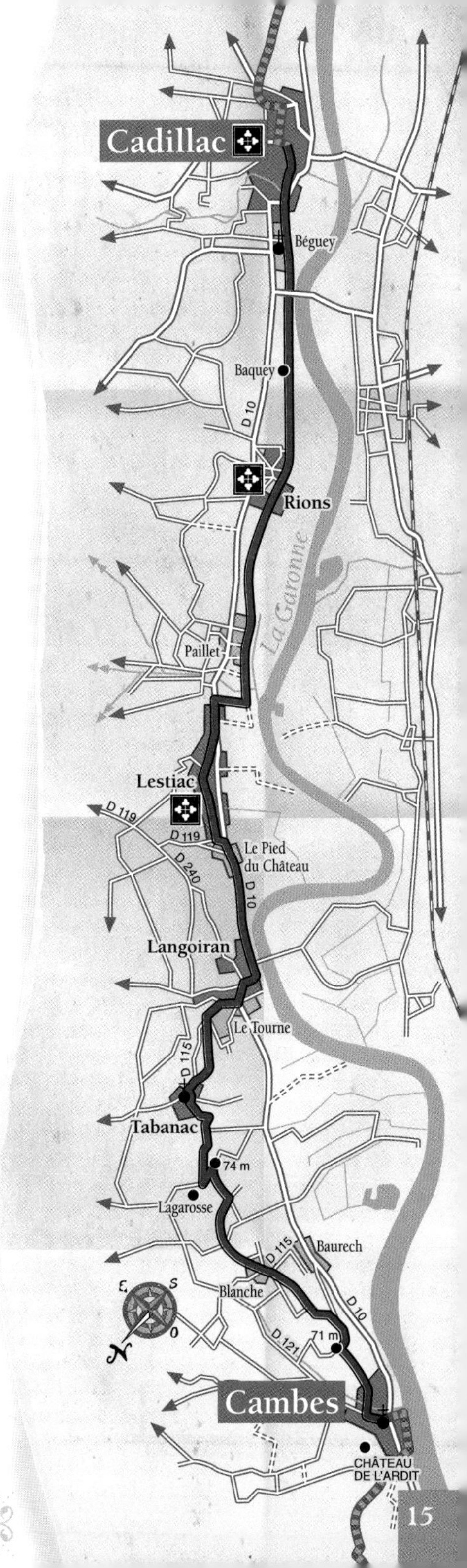

Château Paillet

PÊCHE ET GASTRONOMIE

Tout au long de la Garonne, on peut voir d'étranges dispositifs qui surplombent l'eau : des filets de pêche attachés à des perches, assortis de cabanes. Il s'agit des « carrelets ». Il suffit d'abaisser le filet dans l'eau pour pêcher. On devine que les cabanes sont le lieu de joyeuses ripailles entre pêcheurs ! Aloses, anguilles et lamproies sont peut-être au menu. Les anguilles débitées en tronçons se savourent sautées en persillade. L'alose se pêche au printemps lorsqu'elle quitte l'Océan et remonte le cours de l'eau à l'époque de la fraie. Elle se déguste le plus souvent grillée sur des sarments et assortie d'une sauce verte. La lamproie, poisson étrange venu lui aussi de l'Océan, ne possède ni écailles, ni mâchoire, ni colonne vertébrale et se rapproche de l'anguille. Il existe autant de recettes de lamproie que de familles ! Sans entrer dans les détails, voici les grandes lignes de la lamproie à la bordelaise : la bête est successivement suspendue par la tête et vidée de son sang, ébouillantée, pelée, débitée en tronçons, dénervée, mijotée dans du vin rouge et autres ingrédients déjà réduits pendant 1 h, flambée au cognac, et corsée avec son propre sang. Bon appétit !

CHÂTEAUX

Notre chemin côtoie les multiples châteaux de la région. Il est impossible de les citer tous. Certains sont ouverts au public.

Le château Sentout, très belle demeure remontant au XVIe siècle, remaniée depuis, accueille des hôtes.

Le château de Lacaussade, à l'allure moyenâgeuse, date du XVIe siècle. Remarquablement préservé par la famille du même nom, il offre d'intéressantes collections sur la chasse et la nature. Son site exceptionnel est classé.

LE TOURNE ET LANGOIRAN

Lieu privilégié pour observer le mascaret. Le mot désigne le phénomène spectaculaire par lequel, à marée montante, la vague déferlante de l'Océan recouvre le courant descendant du cours d'eau.

Le château féodal du lieu-dit le Pied du Château date du XIIIe siècle. À proximité, des maisons troglodytes sont creusées dans le rocher.

HORS CHEMIN

Le Haut-Langoiran est un quartier d'où la vue embrasse toute la vallée de la Garonne. Le détour permet de voir de nobles maisons viticoles, ainsi que l'église romane Saint-Pierre qui était le centre du bourg originel, avant son expansion au bord de la Garonne.

LESTIAC

Ce village est un écrin pour l'église Notre-Dame, édifice roman du XIIe siècle. Prenez le temps d'en faire le tour afin d'en admirer, sur le chevet, les modillons. Un grand étonnement ! Sans faire le Vendée-Globe, vous allez atteindre le Cap-Horn au bord de la Garonne ! Moins tumultueux que son homonyme, le lieu dégage un charme nostalgique avec ses frêles pontons où sont amarrées des barques.

PAILLET

On ne fait que longer ce village fondé au XIIe siècle, d'où ont été exhumés des vestiges antiques. Il subsiste un bel habitat ancien et l'église romane Saint-Hilaire, remaniée aux XVIIe et XIXe siècles. En sortant du village, on passe à proximité du château Paillet, bel ensemble du XVIIIe siècle qui s'élève au milieu des vignes.

RIONS

Rions est une des plus anciennes villes du département puisqu'elle a été habitée depuis la préhistoire. Appelée Riuncium pendant l'Antiquité, elle devint une place fortifiée au Moyen Âge comme en témoignent les remparts et la tour colossale dont la base était autrefois baignée par la Garonne, avant que le lit de celle-ci ne se déplace vers le Sud. Rions a connu bien des bouleversements, des destructions liées à la guerre de Cent Ans et aux guerres de Religion, des reconstructions. L'histoire a marqué la toponymie : la grotte de Charles VII a été ainsi nommée lorsque le souverain a repris la ville au milieu du XVe siècle.

CADILLAC

Cadillac est une bastide médiévale. Il ne s'agit pas de la maison provençale, mais d'une ville fortifiée, de fondation royale ou seigneuriale. Les colons recevaient une parcelle à bâtir, une parcelle de jardin et une parcelle à cultiver hors les murs. Les lots étaient équitables et disposés rigoureusement le long de rues perpendiculaires. La bastide de Cadillac a été créée en 1280 à la demande d'Henri III d'Angleterre, fils de Jean sans Terre, neveu de Richard Cœur de Lion et petit-fils d'Aliénor d'Aquitaine, pour empêcher le passage des troupes françaises.

L'actuel château de Cadillac a été construit, sur l'emplacement de l'ancienne forteresse, par Jean-Louis de la Valette, duc d'Épernon, et mignon d'un autre Henri III, roi de France celui-ci, beau-frère d'Henri IV. L'engagement du duc d'Épernon auprès d'Henri III était tel qu'il était surnommé le Demi-Roi. À la mort de sa femme, en 1587, le duc d'Épernon résolut de construire un château magnifique, et les travaux durèrent plus de quinze ans. Les grands de l'époque y séjournèrent : Louis XIII, Mazarin, Louis XIV et sa jeune épouse. La suite fut moins lumineuse. Dévasté pendant la Révolution et laissé à l'abandon, il fut transformé au XIXe siècle en prison pour femmes, puis en maison de redressement pour jeunes filles. Aujourd'hui, il est ouvert au public et sert de cadre à des expositions (05 56 62 69 58).

Une promenade à travers la ville vous amènera à découvrir la collégiale Saint-Blaise fondée en 1494, à la nef élégante. L'aspect massif de la porte de la Mer démontre le rôle défensif de la ville, à l'instar de la porte de l'Horloge, pourvue d'une herse et d'un assommoir !

Cadillac est également l'appellation contrôlée d'un vin blanc liquoreux.

Château de Rions

Cadillac
Saint-Macaire

L'ÉTAPE EST COURTE, mais c'est plutôt une bonne nouvelle ! Ainsi, nous pourrons musarder à travers les coteaux plantés de vignes et peut-être nous attarder dans quelques caves. Gare aux loupiac et autres sainte-croix-du-mont qui, avec leurs jolies robes dorées, leurs parfums mielleux et leurs saveurs sirupeuses, ont vite fait de jouer les fées ensorceleuses avant de vous envoyer faire la sieste au fond d'un fossé. Le léger détour par le domaine de Malagar nous replonge ensuite dans l'univers plus austère de François Mauriac. À l'arrivée, Saint-Macaire nous réserve d'autres surprises. La cité, enfermée dans ses murailles, est un lacis de ruelles médiévales. La place du Marché est un exemple du genre. Ne manquez pas non plus les fresques de l'église. Pour clore cette étape sur une note plus épicurienne, notons que la gastronomie est au menu des tables de Saint-Macaire…

Cartes utiles

1638 O Langon

Renseignements pratiques

LANGON (HC – 33210)

- Gare SNCF
- OT, 11 allée Jean-Jaurès, 05 56 63 68 00, www.langon33.fr
- HR Claude Darroze, 15 ch., 65 à 105 €/1 à 2 p., pdj 13 €, 95 cours Leclerc, 05 56 63 00 48, www.darroze.com
- CH Aux Châtaigniers, 14 pl. en 5 ch., 36 à 75 €/1 à 4 p., 32 rue des Bruyères, 09 50 77 79 09, www.auxchataigners.free.fr
- CH Campbellii, 2 ch., 75 €/2 p., repas 25 €, acheminement, 32 rue du Baron, 05 24 22 60 60, www.chambredhoteslangon.blogspot.com

SAINT-MACAIRE (33490)

- OT, 8 rue du Canton, 05 56 63 32 14, www.saintmacaire.fr

- 7 km av., CH Château (viticole) Lamarque, 8 pl. en 2 ch., 45 à 80 €/1 à 4 p., Sainte-Croix-du-Mont, 05 56 76 72 78, www.ch-lamarque.com
- HR L'Abricotier, 3 ch., 65 à 75 €/2 à 3 p., pdj 7,50 €, 2 rue Bergoeing, 05 56 76 83 63, www.restaurant-labricotier.com
- HR Les Feuilles d'Acanthe, 12 ch., 82 à 132 €/1 à 4 p., pdj 10 €, 5 rue de l'Église, 05 56 62 33 75, feuilles-dacanthe.fr
- HR Les Tilleuls, 12 studios, 40 à 84 €/1 à 5 p., pdj 7 €, ½ pens. 60 €/p., 16 allée des Tilleuls, 05 56 62 28 38, www.tilleul-medieval.com
- CH Domaine de la Dame Blanche, 2 ch., 45 à 65 €/1 à 3 p., 5pl. de l'Arbre de laLiberté, 05 56 76 23 44 www.domainededameblanche.com
- A 2 km : CH Château (viticole) Rouaud, 8 pl. en 3 ch., 52 à 84 €/2 à 4 p., 17 Grande Rue, Le Pian/Garonne, 05 56 76 41 69, www.domaine-rouaud.com

00,0 Cadillac. De la place de l'Hôtel-de-Ville, suivre la rue Cazeaux-Cazalet et passer sous la porte de l'Horloge. Remonter à gauche la route de Branne. Franchir un carrefour, puis emprunter à droite la route de Sauveterre. Au T : prendre à gauche vers Sauveterre (gendarmerie), puis virer à droite devant l'entrée de l'hôpital psychiatrique.

01,4 Carrefour : aller tout droit vers le CES Anatole-France. Après des constructions type HLM, traverser le hameau d'Hourtoye. Laisser aussi à droite les ruines d'une villa gallo-romaine. Aller toujours tout droit jusqu'à rejoindre la D 10 à suivre une dizaine de mètres avant de gagner à gauche…

0h45 03,0 Loupiac et son église au porche roman. Remonter la route qui longe le chevet de l'édifice vers le château Pageot. Après 500 m, à mi-côte (cote 42), virer à droite pour descendre. Au T : bifurquer à gauche.

04,0 Virer à droite pour franchir un pont sur un ruisseau, monter à gauche vers Gabarnac, à travers les vignes. Laisser à droite le château Peybrun. À la bifurcation au niveau de l'église au clocher mur : prendre à droite.

05,7 Giratoire de la Croix : poursuivre en face vers Mestrepeyrot. Après 600 m, on bute sur la D 229 qu'on emprunte à droite.

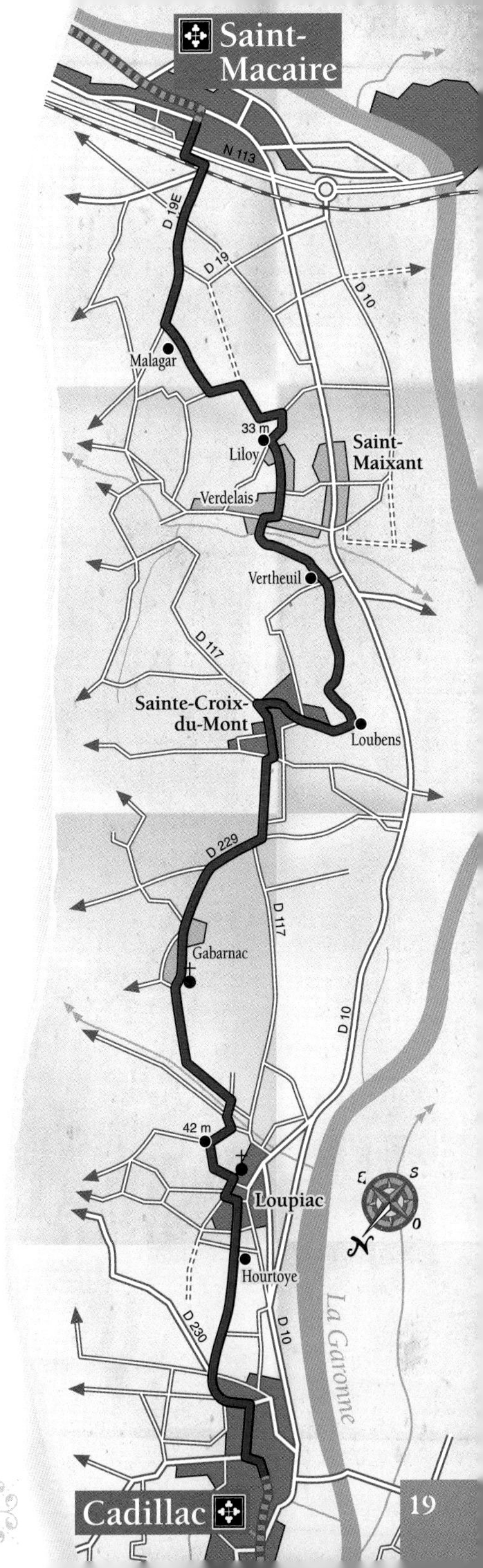

06,8 Point haut (107 m). Laisser à droite la route vers Loupiac, continuer tout droit sur 80 m. Tourner alors à gauche vers Sainte-Croix-du-Mont par la D 117. Les caves sont partout (à consommer avec modération !).

2h00 07,9 Sainte-Croix-du-Mont. Laisser à gauche vers Verdelais. Emprunter à droite la D 117^{E3} vers le village. Après 650 m, quitter la rue principale pour prendre à gauche vers Loubens. Devant le château Loubens, carrefour en T : descendre à gauche la D 117^{E3}. Laisser à gauche l'embranchement vers la Rame. Descente avec belle vue et aire de pique-nique !

10,0 Au pied du château de Vertheuil, quitter le goudron dans le dernier virage, à 200 m de la D 10. S'engager à gauche sur un chemin bordé de vignes. Après 400 m, tirer à gauche pour monter le long d'une clôture.

10,6 Au pied de deux grands pins, obliquer à droite, toujours en longeant le pré clôturé. Après 60 m (au pied d'un pin parasol), descendre à gauche. À moins de 100 m, bifurcation : prendre à droite le long d'un ruisseau. Après 110 m, franchir à gauche la passerelle au-dessus du cours d'eau. Remonter en longeant un muret vers le village de…

11,0 Liloy. Stop : couper la D 120, poursuivre en face vers château Pomerol-le-Pin. Laisser l'établissement viticole à gauche, un embranchement à droite.

11,7 Bifurcation (cote 33 m) : descendre à droite. Après 250 m, carrefour : monter à gauche vers le château Mémoires. Prendre une seconde fois à gauche. Le domaine de Malagar est en vue.

12,9 Quitter la route afin de longer à droite l'allée de cyprès. À 500 m, on pénètre dans le domaine de Malagar.

13,5 Descendre la D 19 vers Langon et Saint-Macaire pendant 600 m. Au carrefour : bifurquer à gauche vers Saint-Macaire.

15,0 Stop : franchir les voies ferrées, puis tirer à gauche jusqu'à des feux. Couper la N 113 pour s'engager dans la rue de Verdun.

3h50 15,6 Saint-Macaire, au pied de la tour de l'Horloge.

LA VILLA ROMAINE

Au lieu-dit le Plapa, les vestiges de cette villa qui aurait appartenu à l'auteur latin Ausone méritent qu'on s'y arrête.

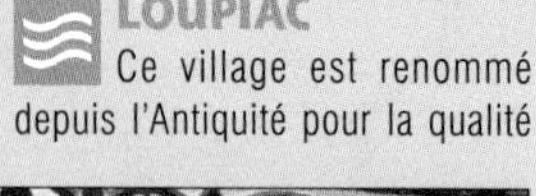

LOUPIAC

Ce village est renommé depuis l'Antiquité pour la qualité de ses vins. Cette qualité va de pair avec sa rareté, car tout dans l'élaboration de ce breuvage savoureux en limite la quantité. Tout d'abord, la vigne dont il est issu n'est cultivée que sur les coteaux et les plateaux environnant la commune. Les ceps sont taillés de façon à ne donner que peu de grappes, ce qui en renforce la qualité. À l'automne, apparaît le *botrytis cinerea*, qui recouvre peu à peu les grains. Cette levure altère la peau du raisin, favorisant ainsi l'évaporation de l'eau contenue et augmente donc la teneur en sucres des grains. Les vendanges suivent le rythme de ce « rôtissage », puisque les vendangeurs ne cueillent pas tout en bloc, mais uniquement les grappes ou les grains confits à point. Les aléas climatiques réduisent encore le rendement. Tout le savoir-faire des vignerons permet ensuite la maturation de ce vin qui, bien que délicieux encore jeune, s'épanouit pleinement après plusieurs années de garde.

Que les plaisirs de bouche ne vous empêchent pas d'admirer la belle façade romane de l'église Saint-Pierre !

Église de Saint-Macaire

SAINTE-CROIX-DU-MONT

Ce modeste bourg offre bien des curiosités. Des grottes creusées dans un banc d'huîtres autorisent la découverte des fossiles de ces coquillages. Autrefois, elles permettaient de conserver le vin liquoreux de Sainte-Croix-du-Mont, dont la légende attribue l' « invention » à un seigneur du cru. Ayant trop traîné aux croisades, il découvrit son raisin recouvert de pourriture. Faisant contre mauvaise fortune bon cœur, il vendangea et le

résultat le récompensa de sa ferveur. Le château de Tastes, construit au XIVe siècle et qui abrite à présent la mairie, conserve plusieurs éléments acquis au cours des siècles.

HORS CHEMIN : VERDELAIS ET CHÂTEAU MALROMÉ (TOULOUSE-LAUTREC)

Le peintre Toulouse-Lautrec n'a pas fréquenté que le Moulin-Rouge et la Goulue. Il a fréquemment séjourné au château Malromé, où il est mort. Il est enterré dans le cimetière de Verdelais. Le château de Malromé peut se visiter.

MALAGAR

Malagar, domaine viticole acheté par l'arrière-grand-père de François Mauriac, a abrité les vacances de l'écrivain pendant toute sa vie. Ce site exceptionnel domine la vallée de la Garonne et la forêt des Landes. Les lecteurs de *Thérèse Desqueyroux*, du *Nœud de vipères*, du *Mystère Frontenac*, de *Génitrix*, ne manqueront pas d'être émus par la visite guidée de la maison de l'auteur girondin, académicien et prix Nobel de littérature auquel une exposition est consacrée dans l'ancien chai à vin rouge. Le domaine a été légué par les enfants de François Mauriac au Conseil régional d'Aquitaine.
Visite guidée de la maison, visite libre de l'exposition du chai du rouge, de l'espace culturel et du parc. Renseignements : 05 57 98 17 17.

SAINT-MACAIRE

L'atmosphère paisible de Saint-Macaire ne laisse pas présumer l'histoire mouvementée et dynamique de ce qui fut un pôle important de la région. Et pourtant ! Saint-Macaire, simple établissement gallo-romain nommé Ligena, doit son nom au moine grec itinérant Makarios venu évangéliser l'Aquitaine, qui s'y installa et y mourut au début du Ve siècle. Au XIe siècle, l'édification d'un château fort et d'un prieuré bénédictin, dont certaines parties subsistent, donne le coup d'envoi de la vraie naissance de Saint-Macaire. Sur la Garonne circulent population et marchandises, en particulier le vin, sur lequel Saint-Macaire, doté du « privilège du vin », perçoit un droit de péage. Les productions des environs transitent par le bourg qui se développe et connaît une extraordinaire prospérité, en particulier sous la domination anglaise mais également au XVIe siècle. La ville connaît pourtant différents déboires : deux sièges successifs pendant la guerre de Cent Ans, diverses mises à sac durant les guerres de Religion, puis le démantèlement de son château lors de la Fronde. C'est au XVIIe siècle que décroît l'activité économique de la ville. Deux raisons à cela : l'éloignement du lit de la Garonne et l'attraction exercée par Bordeaux. Au XVIIIe, une nouvelle activité semble prometteuse, l'industrie de la pierre qui va amener à creuser des carrières sous la ville même, et aussi à démantibuler les remparts et le donjon pour en vendre les pierres à Bordeaux, matériaux entrant dans l'édification des nouveaux édifices bordelais, en particulier le pont de Pierre. Mais peu à peu cette activité est abandonnée, une partie de la ville, minée par les carriers, étant menacée d'effondrement. Les Macariens lancent au XIXe siècle une autre tentative pour restaurer leur santé économique, la tonnellerie qui sera leur ressource principale jusqu'au début du XXe siècle.

Ce passé tonique nous a légué un très joli village où il faut prendre le temps de déambuler. On y entre par la porte de Benauge (XIIIe siècle), du nom du suzerain des terres. Il est aisé, place du Mercadiou, d'imaginer l'animation du lieu au Moyen Âge lorsque les couverts abritaient les étals des marchands. Les arcs brisés des arcades et les fenêtres géminées des demeures médiévales concurrencent les maisons Renaissance reconnaissables à leur linteau caractéristique. Le relais de poste, du XVIe, aurait vu passer Henri IV ; les réaménagements successifs l'ont transformé aujourd'hui en musée de la Poste. Dans toute la ville, les maisons datant de la fin du XIIIe au XVIIe invitent à la flânerie, en particulier la maison Mussidan, partiellement classée monument historique. L'église Saint-Sauveur, dont le portail sculpté remonte au XIIIe, présente un métissage de roman et de gothique imputable au retard pris par la construction. Elle abrite une Vierge en bois du XVe siècle et de nombreuses peintures médiévales ornant le chœur. Du prieuré Saint-Sauveur (XIe siècle) ne subsistent plus que le cloître et l'aile méridionale. Les remparts érigés autour de la ville étaient léchés par la Garonne jusqu'au XVIIe siècle. D'ailleurs, la porte du Thuron et sa barbacane (XIVe) défendaient le premier port de la ville. À l'opposé de la cité, la porte Rendesse, de la même époque, domine l'emplacement du port du XVIIe, construit pour palier le déplacement de la Garonne.

La place du marché de Saint-Macaire

Le canal de la Garonne

Saint-Macaire La Réole

PRÈS UNE MISE en jambe en bordure de la Garonne, à Castets-en-Dorthe nous prenons contact avec le canal latéral qui nous escortera jusqu'à Toulouse. Après le fleuve, les eaux paraissent plus calmes, le décor plus ordonné le long du chemin de halage et ses rangées de platanes. Nous pourrions aller ainsi tranquillement jusqu'aux abords de La Réole. Mais l'envie de découvrir les paysages alentour et l'abbaye de Pondaurat nous pousse à faire un crochet au sud. Du pont médiéval de Pondaurat jusqu'à La Réole, en passant par Saint-Martin-de-Montphélix et Puybarban, nous mettons nos pas dans les traces des marcheurs d'antan. Ici passaient les pèlerins deCompostelle venus de Vézelay. Mais attention, nous marchons à contresens ! Au terme de la journée, nous retrouvons les bords de la Garonne et une petite ville assoupie, riche en témoignages du passé.

Cartes utiles

- 1638 O Langon
- 1638 E La Réole
- 1738 O Marmande
- 1739 O Casteljaloux

Renseignements pratiques

LA RÉOLE (33190)

- OT, 15 rue Armand-Caduc, 05 56 61 13 55, www.entredeuxmers.com, www.lareole.fr
- C Le Rouergue, 45 empl., 12,40 €/p., 01/06 au 30/09, rte de Bazas, 05 56 61 13 55
- R La Régula, 31 rue A.-Bénac, 05 56 61 13 52
- R Aux Fontaines, 8 rue de Verdun, 05 56 61 15 25
- CH Les Galantes, 3 ch., 50 à 85 €/1 à 4 p., 4 rue Bellot-des-Minières, 05 56 71 32 41, www.les-galantes.com

→ CH Le Bosquet des Fleurs (domaine vinicole), 4 ch., 65 €/2 p., repas 20 €, 05 56 61 41 55, www.chateaulebosquetdesfleurs.perso

→ CH Les Caprices de l'Art, 7 pl., 55 à 85 €/2 à 4 p., 2 rue Peysseguin, 06 13 19 76 55, www.aquitainechambresdhotes.moonfruit.fr

→ CH Le Martouret, 13 pl. en 5 ch., 30 €/p., 66 rue Martouret, 05 56 61 04 81

NOAILLAC (HC – 33190)

→ CH La Tuilerie, 9 pl. en 5 ch., 60 à 105 €/1 à 4 p., 05 56 71 05 51, www.latuilerie33.com

Convention : sur les canaux, nous disons que nous empruntons la rive gauche ou bien la rive droite en fonction de notre direction générale : à savoir Toulouse, puis Agde.

00,0 Saint-Macaire. Passer la porte pour entrer dans le centre historique et suivre la rue du Canton vers l'église qu'on laisse à droite. Au niveau du chevet, s'engager dans la ruelle du Port-Nava. À 550 m, on débouche sur une rue à descendre à droite. Franchir les fortifications.

00,7 Couper les allées de Tivoli, poursuivre en face par un chemin herbeux. Après 900 m, on touche le coudre d'une piste goudronnée qu'on emprunte à droite (en face).

02,5 Laisser à gauche un embranchement, continuer tout droit, parallèlement à la Garonne. Vergers et peupliers bordent notre chemin. Passer sous des portiques et tirer à droite à travers une aire de loisir pour gagner le bord du fleuve.

04,1 Notre piste bute sur une route goudronnée qu'on suit en longeant la Garonne. Après 300 m, on retrouve un chemin de terre. Il faut ensuite franchir une passerelle et poursuivre le long de la rive.

06,3 Passer sous le pont de Castets-en-Dorthe. Tirer à gauche pour rejoindre la D 15 qu'on emprunte à gauche pour franchir le pont métallique sur la Garonne. Dès la sortie du pont, obliquer à gauche et descendre vers le port.

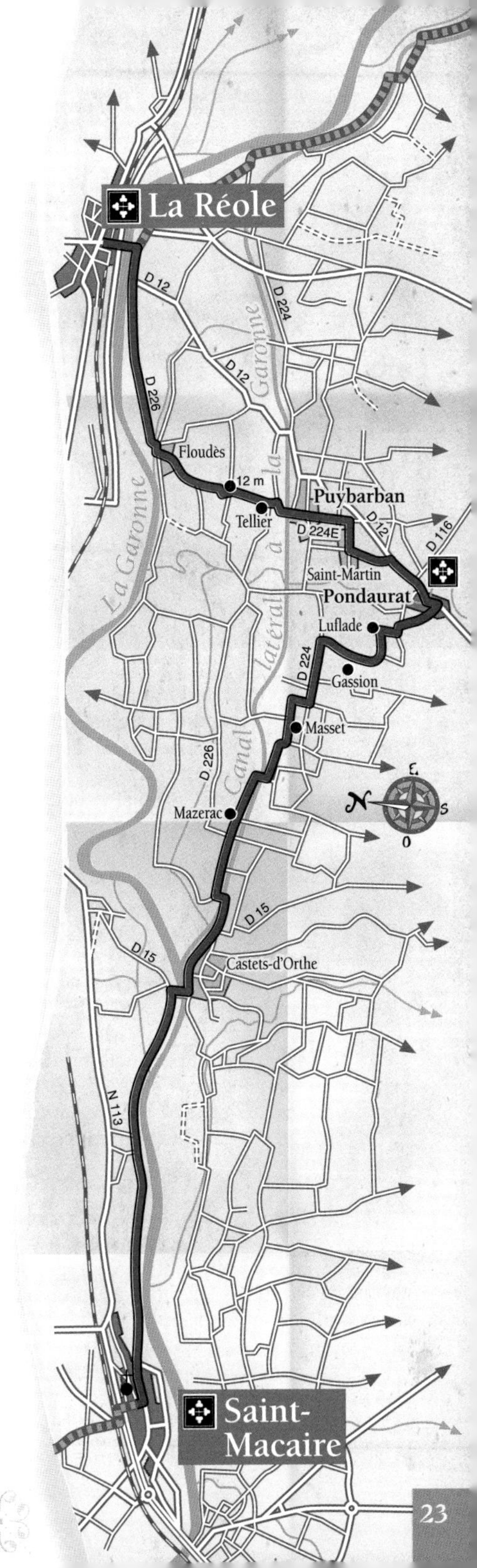

Les vergers de Saint-Macaire

1h45 07,0 **Le canal latéral de la Garonne** débute ici avec une première écluse. Suivre la rive sud (la rive droite dans la direction de Toulouse). Après 700 m, deuxième bief et première halte nautique : poursuivre sur la même rive.

08,4 Écluse de Mazenac. Franchir le pont et suivre à droite la digue sur la rive gauche à l'E.S.E. Après 900 m, couper la D 226, laisser le pont à droite, continuer tout droit entre deux rangées de beaux platanes.

10,3 Franchir à droite le pont de Mazenac et virer à gauche le long de la rive droite par un chemin herbeux. À 450 m, le chemin s'écarte du canal et monte en écharpe à droite.

11,1 La Rouillac. On touche le coude d'une petite route, à suivre à gauche (est). À Masset, laisser un embranchement à gauche. À la bifurcation suivante, prendre à gauche.

11,9 Carrefour en T (sous Cauffepé) : tourner à droite. Quand on atteint la D 224, l'emprunter à gauche. Passer devant la ferme Saupiquet.

12,9 Quitter la D 224 : suivre à droite vers Gassion. Après l'Assus, T : laisser l'embranchement à droite, poursuivre à gauche.

14,1 Bifurcation à Luflade : laisser la Gavache à gauche, prendre à droite, plein sud.
Après 400 m, stop : emprunter à gauche la D 225 que l'on quitte après 150 m pour monter à droite entre des habitations.

3h50 15,4 **Pondaurat.** Couper la D 12. En face, obliquer à gauche pour franchir le pont médiéval et couper par les anciens bâtiments de l'abbaye. Poursuivre à travers le village (restaurant) en direction de La Réole en laissant partir à gauche D 225^{E1} vers Bassanne, puis à droite la D 116.

16,4 Quitter la D 12 pour s'engager à gauche vers Saint-Martin-de-Montphélix. À 600 m, carrefour : continuer à droite pour passer au pied de l'église Saint-Martin.

17,5 On bute sur la D 224^{E1}, virer à gauche vers...

4h30 18,1 **Puybarban.** Carrefour : descendre en face le raidillon qui démarre au pied de l'église. Après 300 m, on atteint une route, stop.
Rejoindre à droite le pont pour franchir le canal et dépasser Briotte. À la première bifurcation : utiliser la route à gauche vers...

18,7 Tellier. Carrefour en T : virer à droite, plein nord. Après 1,3 km, bifurcation (cote 12 m) : obliquer à droite (laisser à gauche l'embranchement balisé Chemin de Saint-Jacques).

20,5 Laisser à droite une piste menant à des serres. Entrer dans Floudès et laisser l'église à gauche.
Au T : faire 80 m à droite, puis au carrefour prendre à gauche la D 226. La route paisible traverse des peupleraies, peut-être croiserons-nous des pèlerins venus de Vézelay.

22,3 Laisser un embranchement à droite, aller tout droit.
À 700 m, on touche la D 12, à suivre en face (à gauche).

23,7 Carrefour : obliquer à gauche pour franchir le pont au-dessus de la Garonne. Au bout du pont…

6h00 24,0 **La Réole.** Il suffit de monter pour gagner le centre-ville.

Variante plus courte par le canal : du pont de Mazenac au pont de Puybarban

Si on ne souhaite pas faire le détour par l'abbaye de Pondaurat, il suffit de longer la rive gauche (nord) du canal.
Depuis le point pk 10,3 jusqu'au pont après le pk 18,1 de Puybarban, il y a 4 km. L'étape totalise alors 20 km.

Le canal à La Réole

SAINT-MARTIN-DE-CESCAS (À 2 KM HORS CHEMIN)

L'église de ce hameau ne paie pas de mine depuis la route, mais elle cache un trésor, son merveilleux porche qui date du XIIe siècle en belle pierre blonde.

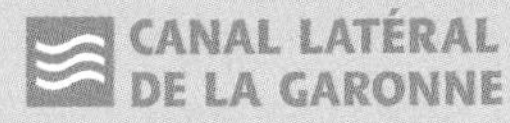

CANAL LATÉRAL DE LA GARONNE

Le canal de la Garonne, joint au canal du Midi, forme le canal des Deux-Mers. Il a bien failli ne jamais voir le jour. Le tempérament de la Garonne rendait aléatoire le transport des marchandises, et au XVIIe siècle, alors que naissait le canal du Midi, surgit l'idée d'une jonction avec l'Atlantique. Il fallut toutefois attendre 1838 pour que débutent les travaux. Une vingtaine d'années plus tard, les travaux sont arrêtés en raison de la concurrence du chemin de fer. On envisage même de combler ce qui a déjà été creusé. Finalement, l'administration s'obstine, et le canal permet durant un certain temps la circulation des denrées. Mais le rail et la route finissent par l'emporter, et la vocation du canal devient plaisancière.
Long de 193 km, il franchit une dénivellation de 128 m, grâce à ses cinquante-trois écluses et ses splendides ponts-canaux.

FONCTIONNEMENT D'UNE ÉCLUSE

Le principe a été imaginé par des Italiens au XVe siècle et perfectionné par Léonard de Vinci. Les écluses partagent le cours d'eau en biefs. Elles permettent le franchissement de dénivelés par les bateaux. C'est grâce à ce procédé qu'un navire peut escalader une colline ! Une écluse comporte un bassin étanche, appelé sas, qui sert à élever ou abaisser le niveau de l'eau selon les besoins. Les embarcations montent ou descendent par le remplissage ou le vidage du sas. Les portes aux deux extrémités permettent aux bateaux d'entrer et de sortir, elles sont actionnées par différents systèmes. Le remplissage ou le vidage se font par le principe des vases communicants, au moyen de vannes installées dans les portes du sas. Exemple concret : un bateau est sur un bief et se dirige vers l'amont. Il pénètre dans le sas et les portes inférieures se referment derrière lui. Puis les vannes supérieures sont ouvertes et le bateau monte jusqu'à ce que le niveau de l'eau du sas soit le même que celui du bief supérieur. Le navire peut ensuite poursuivre sa route. S'il se dirige vers l'aval, la procédure est inversée.

LA PIERRE DORÉE DE PONDAURAT

Le village était une borne importante sur la route de Saint-Jacques-de-Compostelle. Son nom lui viendrait de la pierre calcaire blonde utilisée pour sa construction que vient dorer le soleil ; Pondaurat : pont doré. Une autre étymologie est plausible : les droits de péage du pont faisaient qu'il valait son pesant d'or. Comme souvent, le village s'est développé autour des établissements religieux, ici l'église et le couvent des Antonins

fondé dès le XIe siècle. L'emplacement était riche de potentiel, puisque la présence de l'eau permettait d'avoir un vivier ainsi qu'un moulin. La richesse du lieu imposa de le protéger, et tout l'ensemble fut fortifié.

L'ordre des Antonins a été créé pour soigner les victimes du mal des ardents. Les Antonins auront à faire face à de nombreuses épidémies de ce qu'on appela feu Saint-Antoine, ou *Ignis Sacer*, qui mèneront à la création de plusieurs hôpitaux en Aquitaine. Le feu Saint-Antoine n'est autre que l'ergotisme, ensemble de symptômes provoqués par l'ingestion de seigle contaminé par l'ergot. Il prend deux formes : une forme convulsive et une forme gangreneuse qui s'attaque surtout aux mains et aux pieds. Les années de disette, même la farine de grain contaminé était utilisée. Le feu Saint-Antoine a fait des dizaines de milliers de victimes, en particulier lors des années pluvieuses et humides. La dernière épidémie en France eut lieu à Pont-Saint-Esprit, en 1951, et l'on parla du pain maudit de Pont-Saint-Esprit.

Dans l'emblème des Antonins figurait un cochon. Ils avaient en effet le privilège de « tenir pourceaux dans la ville ».

Le pont de pierre qui permet de franchir la Bassanne porte un « T » (ou Tau) gravé dans la pierre d'angle, symbole des Antonins. Ce même symbole se retrouve dans l'église à la deuxième travée. À la première travée, on trouve une croix de Malte, symbole de l'Ordre qui prit en charge la commanderie à partir de 1776. La tradition médicale du lieu se poursuivit grâce à l'extraordinaire pharmacie de plantes médicinales mise en place par l'Ordre.

Bien sûr, la commanderie subit des outrages au cours des siècles, mais le moulin du XIIIe siècle est toujours là, ainsi que le pont du XIIe siècle. Les vieux murs ont été conservés lors de la reconstruction des bâtiments des religieux aux XVIIe et XVIIIe siècles.

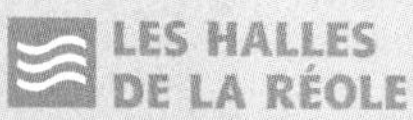

LES HALLES DE LA RÉOLE

L'histoire de La Réole s'écrit dès le début de l'ère chrétienne, puisque c'est sur le site d'une villa gallo-romaine qu'a été bâti, sous Charlemagne, le prieuré à l'origine de la ville. La Réole vient du latin *regula*, la règle, en particulier la règle bénédictine. Le dynamisme de l'établissement religieux favorise le développement de la cité au bord de la Garonne. Comme toute l'Aquitaine, La Réole a été marquée par la présence anglaise : au XIIIe siècle , Henri III d'Angleterre fait déplacer les bâtiments religieux, où auraient pu se réfugier d'éventuels assaillants, et qu'il jugeait situés trop près du château. Une cinquantaine d'années auparavant, Richard Cœur de Lion avait doté la ville de superbes halles, surmontées par la salle où se réunissaient les jurats, magistrats municipaux. Cet hôtel de ville, le plus ancien de France, offert à la Jurade en remerciement pour son accueil, s'appuie sur des colonnes décorées avec soin qui portent de magnifiques chapiteaux. Ne manquez pas d'admirer cet édifice civil roman lors d'une déambulation dans les rues tortueuses de la ville, ainsi que les maisons de bois en encorbellement.

De l'ancienne abbaye, il reste le cloître et l'église Saint-Pierre, reconstruite plusieurs fois, au XIIIe siècle, puis après les guerres de Religion. Le logis des moines, dont les religieux furent chassés à la Révolution, abrite aujourd'hui l'administration municipale.

Du château de Quat'sos, il ne subsiste qu'une des quatre tours sœurs (quat'sos), qui ne se visite pas.

Le grand Musée de La Réole propose, dans une ancienne manufacture de tabac, quatre expositions : automobile, militaire, agricole, ferroviaire, mais pas fluviale !

Les jumeaux de La Réole : César et Constantin de Faucher eurent en commun la date de leur naissance et la date de leur mort. Ayant embrassé la Révolution, nommés en même temps généraux sur le champ de bataille, ils furent tous deux condamnés à mort et fusillés sous Louis XVIII pour avoir refusé l'autorité des Bourbons au retour de ceux-ci.

Halles de La Réole

Hure (La Réole)

La Réole Fourques-sur-Garonne

ORMIS LES TROIS premiers kilomètres accomplis sur une petite route campagnarde, le reste de l'étape nous réserve une journée complète le long du canal latéral. Nous prenons notre rythme en nous soumettant à l'apprentissage de la lenteur. Les bateaux, à peine plus rapides que nous, sont arrêtés aux écluses. Marcheurs et bateliers échangent des gestes d'amitié et de connivence à chaque fois que l'un dépasse l'autre.
À mi-chemin, il ne faut pas hésiter à gravir la colline pour atteindre Meilhan-sur-Garonne. De la place-terrasse du village, on embrasse toute la plaine de la Garonne et le canal en contrebas. Il n'est guère commode pour le piéton de faire le crochet par Marmande, même si la ville est bien pourvue en hébergements. Les cyclistes, en revanche, trouveront une piste cyclable pour les y mener à l'abri du danger. Les marcheurs continueront par le canal pour atteindre Fourques, un paisible village qui dispose d'une chambre d'hôtes.

Cartes utiles

- 1638 E La Réole
- 1738 O Marmande

Renseignements pratiques

FOURQUES-SUR-GARONNE (47200)

- OT Marmande, 05 53 64 44 44, www.valdegaronne.com
- HR La Mijotière, 11 ch., 40 €/2 p., repas 10 €, Gaillard, 05 53 79 34 06, www.aubergedelamijotiere.com
- CH Maoutens Manson, 2 ch., 50 €/ch., repas 15 €, 05 53 93 16 52, www.fionas-bb.com
- R L'Escale, halte nautique, 05 53 93 60 11

✣ MARMANDE (HC – 47200)

- OT, bd Gambetta, 05 53 64 44 44, www.valdegaronne.com
- Gare SNCF
- HR Le Lion d'Or, 30 ch., 49 à 98 €/1 à 5 p., pdj 7,50 €, 1 rue de la République, 05 53 64 21 30, www.leliondor.fr
- HR Le Capricorne/Trianon, 34 ch., 64 à 94 €/1 à 4 p., pdj 8 €, av. Hubert-Ruffe, 05 53 64 16 14, www.hotel-marmande.com (www.lecapricorne-hotel.com)

Convention : sur les canaux, nous disons que nous empruntons la rive gauche ou bien la rive droite en fonction de notre direction générale : à savoir Toulouse, puis Agde.

00,0 La Réole, au pied de la ville. Repasser la Garonne. Au bout du pont, obliquer à gauche pour passer près du camping. À 400 m, quand la route vire à droite (statue de la Vierge), prendre tout droit vers la Grande Rivière.

01,5 Passer sous le pont de la D 9 ; on longe ensuite à droite une digue de retenue de crue. Après 1100 m, bifurcation, prendre à gauche. La petite route tire à droite pour traverser Tartifume.

03,0 Retrouvailles avec le canal latéral de la Garonne. Emprunter à gauche la rive gauche vers le sud-est. Après 900 m, on atteint l'écluse de l'Auriole. Rester sur la rive gauche.

1h20 05,3 Bouzigue (Hure). Franchir le pont. Sur la rive droite, aller jusqu'à la D 224, à emprunter à gauche. Dans Hure, bifurcation : prendre à gauche vers Meilhan par la plaine.

06,0 On rejoint le canal dont on va suivre la rive gauche au S.S.E.

07,4 Passer sous le pont de Pinayne. Plus loin, on remarquera une stèle à la mémoire de mariniers décédés accidentellement.

Meilhan-sur Garonne

10,0 Halte nautique et pont de Meilhan-sur-Garonne (camping à gauche). Franchir le canal. Rive droite, un raidillon gagne le village par la falaise. (Les cyclistes suivront droit devant la C 5 pendant 450 m jusqu'au bar de La Péniche, ils monteront à droite la D 116 pour atteindre le centre de Meilhan-sur-Garonne.)

2h35 10,4 Meilhan-sur-Garonne. Du balcon-terrasse, regagner l'église, descendre à gauche la D 116 jusqu'au canal (au bar de La Péniche) et pousser de quelques mètres à droite pour franchir un pont. Virer à droite pour descendre la rampe et passer sous la D 116 et le canal par un tunnel. On ressort rive gauche : à suivre à droite, au S.S.E., par un chemin de halage herbeux.

12,9 Pont (D 116) et écluse des Gravières. Poursuivre par la rive gauche sur un beau chemin herbeux. (Les cyclistes peuvent opter pour la D 116 qui reste parallèle au canal.)

3h50 15,3 Écluse des Bernès. Passer rive droite (les cyclistes peuvent opter pour la D 143, parallèle à la rive gauche du canal).

17,4 Laroche. Monter sur le pont et continuer sur la rive droite par la piste goudronnée, parallèle au chemin de halage trop herbeux, vers Buros.

18,3 Barradat : repasser rive gauche. Le chemin est dans un état variable. (Les cyclistes peuvent opter pour la D 143.)

5h20 21,1 Écluse de l'Avance (n° 45). Repasser sur la rive droite. On franchit peu après le pont canal sur la rivière Tisouenque.

22,1 Couper la D 933. (Les cyclistes peuvent l'emprunter à gauche pour rejoindre Marmande par une piste cyclable de 4 km.) Poursuivre par la rive droite où le chemin est empierré.

6h20 24,9 Fourques-sur-Garonne, pont. Sortir du chemin pour prendre à droite vers le village. Au carrefour, emprunter la route vers l'église.

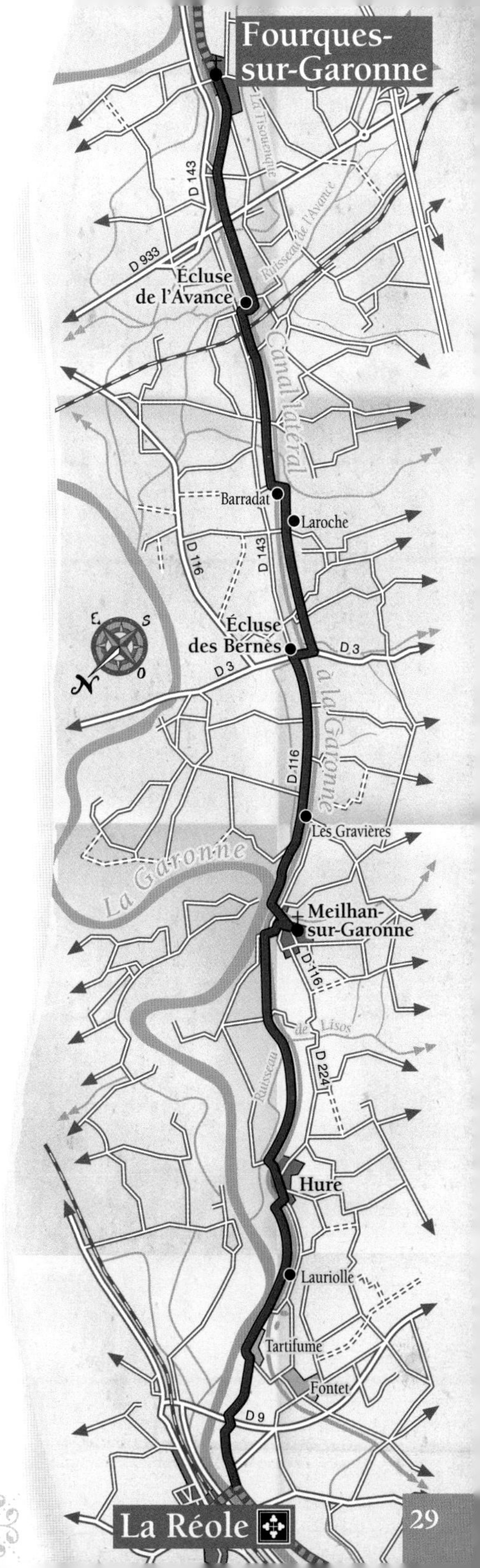

CHEMIN FAISANT

Dès que l'on retrouve le canal et son chemin de halage, on se sent dans un écrin de verdure. L'ombre est abondante et fraîche. Au fil de l'eau, on croise les hérons, les poules d'eau, les martins-pêcheurs. Parfois c'est un ragondin qui traverse en trombe notre sentier, surpris par notre approche.

HURE

Ce serait l'ancienne Ussubrium dans laquelle aurait existé un temple dédié à Isis ou Hygie. La cité se situait sur la voie romaine reliant Bordeaux à Agen. À proximité de l'église, des fouilles ont permis de mettre au jour une mosaïque gallo-romaine. L'église, très modifiée au fil des siècles, a été construite sur des soubassements antiques. Elle conserve quelques beaux chapiteaux romans et un clocher en pierre de forme octogonale.

MEILHAN-SUR-GARONNE

Canal latéral et Garonne sont séparés par quelques mètres à cet endroit, tandis que le village domine l'ensemble en s'étalant au sommet d'un tertre. On comprend que cette position dominante faisait de Meilhan une place fortifiée. Les documents du XIIIe siècle attestent de l'existence d'un château fort, entouré de fossés. Il n'en subsiste aucune trace. Pas plus qu'il ne faut chercher l'église romane Saint-Michel probablement bâtie au XIIe siècle et citée dès 1177. Elle a subi les affronts du temps des rajouts par forcément heureux, particulièrement au XIXe siècle . Malgré cela, Meilhan a bien du charme avec ses façades de pierre blonde et sa terrasse municipale d'où la vue porte jusqu'à Marmande ; le lieu est parfait pour une pause casse-croûte !

L'ESTURGEON

Une des dernières frayères (zones de reproduction) d'esturgeon se situe à Meilhan-sur-Garonne. L'esturgeon européen (*Acipenser sturio*) a longtemps été un fleuron de la gastronomie aquitaine. Il est à présent une des espèces animales les plus menacées dans le monde. Il est formellement interdit de le pêcher. La maturité de poisson est très tardive, si bien qu'il franchit – s'il y survit ! – une vingtaine de fois l'estuaire de la Gironde avant d'être à même se reproduire. L'estuaire est une zone dangereuse pour lui car des pêcheurs peu scrupuleux font fi de la réglementation. Le caviar produit actuellement en Aquitaine provient de piscicultures qui élèvent une espèce sibérienne (*Acipenser baeri*), ce qui n'a bien sûr qu'un intérêt économique et non écologique. Que cela ne vous empêche pas de le déguster !

FOURQUES-SUR-GARONNE

Ce très paisible village au bord du canal latéral s'étend le long d'une rue unique. L'église paroissiale de style classique possède une particularité qui ne saute pas aux yeux, surtout si on oublie de regarder en l'air. La Vierge juchée sur le toit de l'édifice n'est pas tournée vers l'entrée du sanctuaire, mais vers son chevet, c'est-à-dire vers la Garonne, afin de protéger la population des caprices et des crues de la rivière.

Acqueduc Tisouenque

Fourques-sur-Garonne Tonneins

COURTE ÉTAPE que l'on peut marquer d'un arrêt au Mas-d'Agenais pour la pause casse-croûte. L'ombre apaisante des vieilles halles tombe à point nommé dans cette région souvent caniculaire dès les premiers beaux jours. Il ne faut pas oublier d'aller visiter, juste à côté, l'église Saint-Vincent qui abrite une *Crucifixion* signée Rembrandt. Si le passage dans la ville coïncide avec l'heure du déjeuner, c'est l'occasion de pousser la porte de l'Hostellerie J. Champon. Le décor de la salle à manger et la cuisine familiale du menu du jour nous font remonter le temps, on se surprend même à fredonner des chansons de Charles Trenet quand l'heure de reprendre la marche a sonné. Le chemin de halage bien ombragé est un délice pour la promenade digestive.
Au niveau de Lagruère, nous faussons compagnie au canal pour filer à travers la plaine en direction de la Garonne. Ce soir encore, nous dormons en bordure du grand fleuve dans la ville de Tonneins qui domine les environs depuis sa falaise calcaire.

Cartes utiles

- 1739 O Casteljaloux
- 1739 E Tonneins

Renseignements pratiques

TONNEINS (47400)

- OT, 3 bd Charles-de-Gaulle, 05 53 79 22 79, www.valdegaronne.com, www.mairie-tonneins.fr
- 6 km av. : CH Madeys, 5 pl. en 2 ch., 25 à 60 €/1 à 3 p., Bout de la Côte, 05 53 64 19 01, www.madeys.pagesperso-orange.fr
- 3 km av. : CH Les Berges de Garonne, 4 pl., 45 à 90 €/1 à 4 p., Lagruère, 06 87 94 04 27, www.berges-de-garonne.com

Abbaye du Mas-d'Agenais

- CH Carbet 47, 4 pl., 50 à 80 €/1 à 4 p., 8 rue Joliot-Curie, 05 53 84 81 49, www.clevacances.com
- H des Fleurs, 26 ch., 40 à 68 €/1 à 4 p., pdj 7,90 €, rte de Bordeaux, 05 53 79 10 47, www.hoteldesfleurs47.com
- R Quai 36, 36 cours de l'Yser, 05 53 94 36 38, www.quai36.fr www.cotegaronne.com

Convention : sur les canaux, nous disons que nous empruntons la rive gauche ou bien la rive droite en fonction de notre direction générale : à savoir Toulouse, puis Agde.

00,0 Fourques-sur-Garonne. De la chambre d'hôte, revenir vers l'église du village. Gagner la rive droite du canal à suivre à droite, vers le sud-est. Pendant un temps, une piste goudronnée nous escorte le long de la rive.

01,1 La piste s'écarte à droite. Passer sous un pont, poursuivre par un étroit sentier de halage.

02,0 Caumont-sur-Garonne. Port : poursuivre le long du canal ou bien emprunter l'embranchement à droite qui permet de rejoindre l'église et la mairie (épicerie). Au carrefour, monter la rue à gauche pour passer à côté du cimetière. Descente à travers des lotissements : on rejoint la D 143, à suivre **à gauche** vers Damazan.

03,4 On retrouve le canal, à suivre à droite. Dès le premier pont (à 300 m), les marcheurs passent sur la rive gauche pour suivre un agréable sentier étroit (les cyclistes peuvent continuer sur la D 143, rive droite).

05,6 La D 143 enjambe le canal pour rejoindre la rive gauche. Piétons et cyclistes vont de concert, les premiers par le sentier, les seconds comme ils le souhaitent, sur le bitume ou sur le sentier !

1h40 06,7 **Écluse 44** et port du Mas-d'Agenais. Franchir le pont et monter à droite vers la collégiale du XIIe siècle. Après 400 m, on atteint la place avec les halles et l'église. Revenir au port pour emprunter à droite la rive gauche du canal vers le sud-est. Passer sous le pont suspendu qui enjambe également la Garonne. Notre sentier est herbeux et bien ombragé.

09,7 Lagruère. Le pont permet de gagner le village sur la rive droite avec en contrehaut une belle église romane à clocher-mur et abside en cul-de-four. Poursuivre sur la rive gauche par un chemin très envahi par les herbes folles.

2h45 10,9 **Halte nautique de Lagruère,** au Bout de la Côte. Emprunter à gauche du canal la route qui lui est parallèle, puis qui s'en écarte en tirant à gauche (S.-E.).

12,0 Hameau Saint-Juin et sa chapelle ruinée en brique à gauche de notre route. Laisser à droite la C 6 vers Villeton, puis un embranchement à gauche parmi des sablières.

12,8 La route fait un coude à gauche (N.-E.).

14,0 Bifurcation (près de la ferme Bernadin) : obliquer à droite. Après 650 m, stop avec la D 234 : poursuivre en face par une piste goudronnée, limitée à 1 T. Après un coude à droite en bordure de la Garonne…

15,0 Franchir la passerelle limitée à 1 T. Après 750 m, on bute sur la D 120, à emprunter à gauche pour franchir le pont sur la Garonne. À la sortie du pont, s'engager à droite dans la rue du Cours-de-la-Marne.

4h10 16,4 **Tonneins,** place Jean-Jaurès, au-dessus de la Garonne.

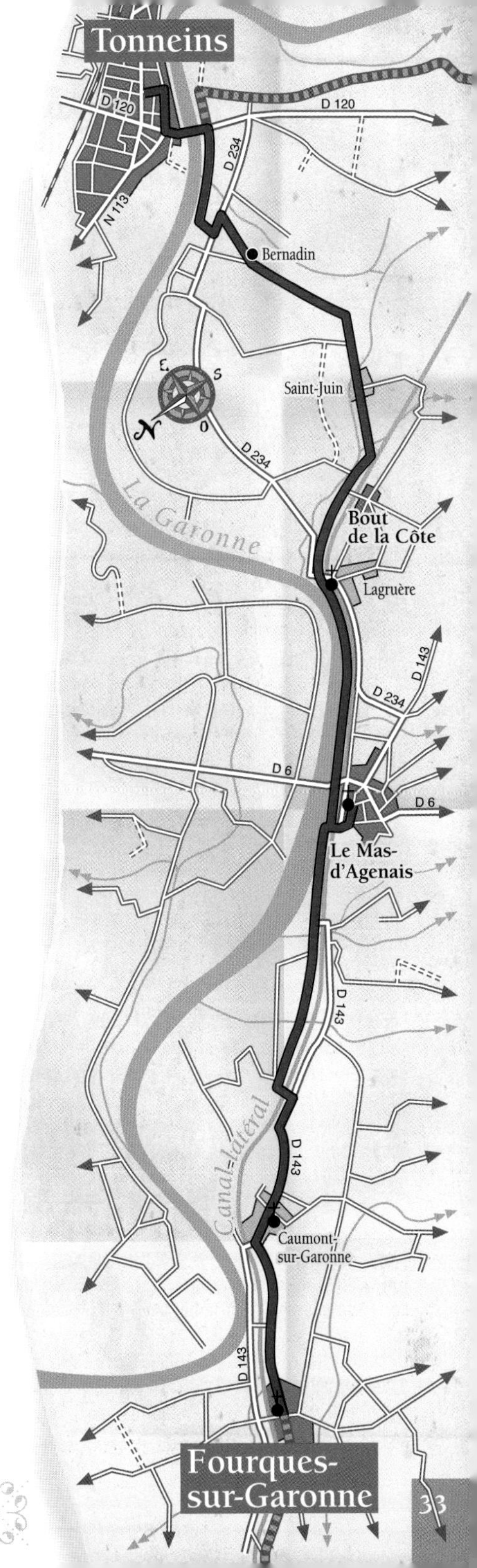

Hameau Saint-Juin

CAUMONT-SUR-GARONNE

Rien ne subsiste de la ville ancienne qui s'élevait sur le plateau, hormis une ferme sur l'emplacement du château. Le lieu, idéalement situé, fut gouverné au XVIe siècle par un sacré coco, Hercule d'Argilemont, représentant du comte de Saint-Paul. Tirant profit de la position stratégique du château qui dominait la Garonne, il faisait tendre des chaînes d'une rive à l'autre de la rivière, bloquant ainsi les bateaux dont la marche ne pouvait reprendre qu'après versement d'un tribut conséquent. Les réfractaires voyaient des boulets atterrir sur leur pont. En outre, il paraît que tous les voyageurs devaient baiser la botte d'Hercule. Droit de cuissage, viols, vols et assassinats conduisirent le gouverneur à sa fin. Sur les injonctions de Marie de Médicis, le parlement de Bordeaux le fit arrêter et juger. Il échappa à la roue, supplice au cours duquel le condamné, ligoté sur une roue horizontale qui tourne, est brisé à coups de bâton, mais il fut décapité à la hache.

LE MAS-D'AGENAIS

L'atmosphère paisible du Mas ne laisse pas supposer l'intense activité qui y régna par le passé. D'abord cité romaine, le Mas-d'Agenais fut un fief cathare lors de la croisade albigeoise, possession anglaise pendant la guerre de Cent Ans, catholique pendant les guerres de Religion et ravagé par l'amiral de Coligny, proie des Frondeurs sous Louis XIV dont les troupes la reprirent. Ce passé tumultueux a pourtant laissé un bien bel héritage.

L'église romane Saint-Vincent date du XIe siècle. Sa nef est formée de l'ancienne église dont la construction remonte à 541, à laquelle furent adjoints en 1080 deux nefs latérales, le chœur et le clocher. Elle reçut d'autres ajouts au cours des siècles, mais l'on peut admirer les arcades surmontant la porte latérale, qui représente les vaches maigres du Nil, le chœur, et les chapiteaux qui proviendraient de l'église primitive. Plusieurs œuvres d'art ornent l'édifice : deux statues de bois du XVIe siècle , Notre-Dame-de-la-Providence et Saint-Jude, un tableau du XVIIe représentant l'adoration des Mages, et surtout une toile de Rembrandt, *Le Christ en Croix* (1631).

La halle au blé date du XVIIe. À partir de 1509, des marchés publics se tinrent tous les jeudis au Mas, mais c'est en 1616 que la halle fut construite. Ce sont les poutres du château des Allées qui permirent d'édifier sa charpente. Le marché animé était le lieu d'échange de toutes sortes de marchandises : viandes, œufs, fruits et légumes, poissons, mais aussi cendres, fil, linge, chanvre, poteries, bétail, grain... Quatre grandes foires ajoutaient aux échanges commerciaux de l'année. Ce n'est qu'au lendemain de la Première Guerre mondiale que ces marchés déclinèrent, jusqu'à disparaître.

Des cinq portes permettant de franchir les murailles qui protégeaient la ville, seule subsiste la porte du Château.

TONNEINS

L'origine de Tonneins est incertaine. Ce qui est sûr, c'est que son histoire moderne est liée au tabac. Introduite en 1556 à Clairac, par un des moines de l'abbaye, sa culture s'est rapidement répandue dans la région. En 1726, la première manufacture royale des tabacs de Tonneins ouvrit ses portes au bord de la Garonne. La plante se déclinait sous diverses formes : poudre à priser (respirer par le nez ou « sniffer »), corde à débiter au couteau ou d'un coup de dent pour la mâcher longuement, des carottes à râper et à fumer. La manufacture a été transformée en musée, mais Tonneins reste la capitale de la Gauloise, avec dix milliards de cigarettes produites annuellement.

Autrefois, il existait deux seigneuries, Tonneins-Dessous et Tonneins-Dessus. Ayant résisté aux troupes royales, elles subirent toutes deux les foudres de Louis XIII qui les fit raser en 1622. Il n'existe donc aucune maison antérieure au XVIIe siècle.

Ce même Louis XIII dégusta un jour, dans une auberge, un jambon qui avait longuement mijoté dans son bouillon. L'émoi de ses papilles gustatives fut tel qu'il parla désormais du « jambon de Tonneins ». La viande cuit dans un bouillon épicé en même temps que la couenne qu'on lui a retirée, puis elle est débitée en petits morceaux qui sont placés dans un bol et arrosés de la gelée de cuisson. Depuis 1988, une confrérie rassemble les charcutiers soucieux de la tradition.

Écluse de la Gaule

Tonneins Port-Sainte-Marie

ÉJÀ UNE SEMAINE que nous sommes en marche. L'étape du jour est plus longue que les précédentes, mais notre corps s'aguerrit au fil du temps. De plus, notre terrain de jeu s'élève tout en douceur, moins de cent mètres d'altitude à grimper d'ici Toulouse, ça devrait aller ! Au départ, nous rejoignons le canal parmi les vergers. Après deux heures passées au fil de l'eau, nous atteignons la bastide de Damazan. Les couverts de la place centrale s'alignent sous des façades fraîchement repeintes. Toutes les couleurs de la palette s'y déclinent pour donner un air de fête au village. Juste après, Buzet-sur-Baïse nous accueille. Ici, le vin occupe les terres des alentours avec une appellation dont la renommée dépasse les frontières. Attention à ne pas vous égarer ! Notre canal flirte pendant un temps avec la Baïse, une jolie rivière pleine de charme… En fin de parcours, nous faisons une infidélité au canal qui file trop directement à Agen. Nous ne regretterons pas ce détour par Port-Sainte-Marie, au bord de la Garonne.

Cartes utiles

- 1739 E Tonneins
- 1740 E Nérac
- 1840 O Port-Sainte-Marie

Renseignements pratiques

→ À 2,5 km de Damazan vers Aiguillon : CH Château du Grenier, 15 pl. en 5 ch., 75 à 140 €/1 à 4 p., repas 30 €, Saint-Léger, 05 53 79 59 06, www.chateaudegrenier.com

BUZET-SUR-BAÏSE (47160)

→ Mairie, 05 53 84 74 19, www.buzet-sur-baise.fr, www.albret-tourisme.com

Port-Sainte-Marie

→ Auberge du Goujon qui Frétille, 65 rue Gambetta, 05 53 84 26 51, www.aubergedugoujon.com

✣ PORT-SAINTE-MARIE (47130)

→ www.portsaintemarie.fr

→ 5 km av. : CH Domaine de Baïse, 4 ch., 45 à 90 €/2 à 4 p., Feugarolles, 05 53 47 56 40, www.domaine-de-baiise.com

→ 5 km av. : CH Les Tilleuls, 5 ch., 20 à 79 €/1 à 4 p., repas 20 €, Maintenant, Feugarolles, 05 53 95 30 27, www.chambre-dhote-gite-tilleulsdelavoieverte.fr

→ HR Saint-Clair, 7 ch., 32 à 44 €/1 à 2 p., av. Henri-Barbusse, 05 53 87 20 27, www.hotel-restaurant-saintclair.com

→ CH de Larroquinière, 14 pl. en 5 ch., 59 à 110 €/1 à 4 p., repas 20 €, Larroque, 06 18 20 13 38, www.larroquiniere.com

Convention : sur les canaux, nous disons que nous empruntons la rive gauche ou bien la rive droite en regardant notre direction générale : à savoir Toulouse, puis Agde.

00,0 Tonneins. De la place Jean-Jaurès, revenir par la rue du Cours-de-la-Marne, virer à gauche pour franchir le pont au-dessus de la Garonne. À son extrémité, quitter la D 120 pour emprunter à gauche une rue bordée d'habitations. Après 300 m, la route fait un coude à droite, S.-S.-O. Laisser à gauche l'embranchement vers le Grand Passage.

01,7 Carrefour ; la route à droite conduit à la D 120 : continuer tout droit. Passer la ferme Brésillan, laisser tous les embranchements annexes.

04,0 Bifurcation (la Cabane, cote 26 m) : prendre à droite et passer devant Pélauque.

05,3 Carrefour en T : emprunter la D 300 à gauche. À 300 m, on retrouve le canal au niveau de l'écluse 42 de la Gaule. Suivre le chemin de la rive gauche, au S.-S.-E. Admirer en suivant le domaine Saint-Christophe sur la rive droite.

06,9 Pont et halte de la Falotte. Poursuivre par le chemin aménagé rive gauche. Dans cette portion, le canal est rythmé par les ponts et le passage par l'écluse de Berry.

3h20 13,4 **Damazan.** La bastide s'étale en contre-haut de la rive droite. Du pont, on poursuit par la rive gauche par une piste goudronnée. À 400 m, quitter la route pour longer le canal par un chemin (en cours d'aménagement).

4h20 17,4 **Buzet-sur-Baïse.** Au niveau de la halte nautique, on touche le coude d'une route venant de la gauche. Longer le canal jusqu'au pont-carrefour. L'embranchement de droite permet de gagner le centre de Buzet. Continuer tout droit vers Thouars par la D 12. À 250 m, quitter la route pour rejoindre à droite Aquitaine Navigation et

le port de Buzet. Juste après le port, tirer à gauche pour passer au-dessus d'une écluse. Dès lors, on évolue entre le canal et les méandres de la Baïse.

21,3 Écluse de Larderet (cote 38 m) : franchir le pont pour passer rive droite. À 300 m, écluse de Baïse, suivie du pont-canal sur la Baïse. Poursuivre par la rive droite. Passer successivement sous les ponts de la D 12 et d'une voie ferrée. On laisse un grand silo à droite avant de passer sous le pont de la D 930.

25,1 Attention ! Au pont suivant, cote 40 m* : quitter le chemin, gravir à droite les marches pour atteindre le tablier à l'abandon. Passer au-dessus du canal pour suivre un chemin vers le N.-N.-E. (balisé GR 654). Traverser le hameau de Perquié-de-Haut par une piste goudronnée.

25,9 Laisser à gauche l'embranchement vers la D 930. À 400 m, T : partir à gauche, puis aussitôt à droite (en fait, on suit le balisage rouge et blanc).

27,1 Bifurcation (devant une propriété et un beau palmier) : prendre à droite.

27,9 Le Paravis : bifurquer à gauche devant l'ancien prieuré dont on va longer le mur. Après 400 m, quitter la route pour virer à droite par une route bordée de vergers. C'est l'avenue Henri IV.

29,3 Emprunter à gauche la rue Arnauchon jusqu'au stop avec la D 213, dans Saint-Laurent. Gagner à gauche la D 930 et le pont sur la Garonne que l'on franchit.

29,9 À l'extrémité du pont, aller jusqu'au carrefour giratoire. Passer sous les voies ferrées pour rejoindre…

7h45 30,2 Port-Sainte-Marie, centre-ville.

* De ce point, le canal jusqu'à Agen est quasi rectiligne. On atteint la ville au terme de 21 km par une piste aménagée que se partagent piétons et cyclistes.

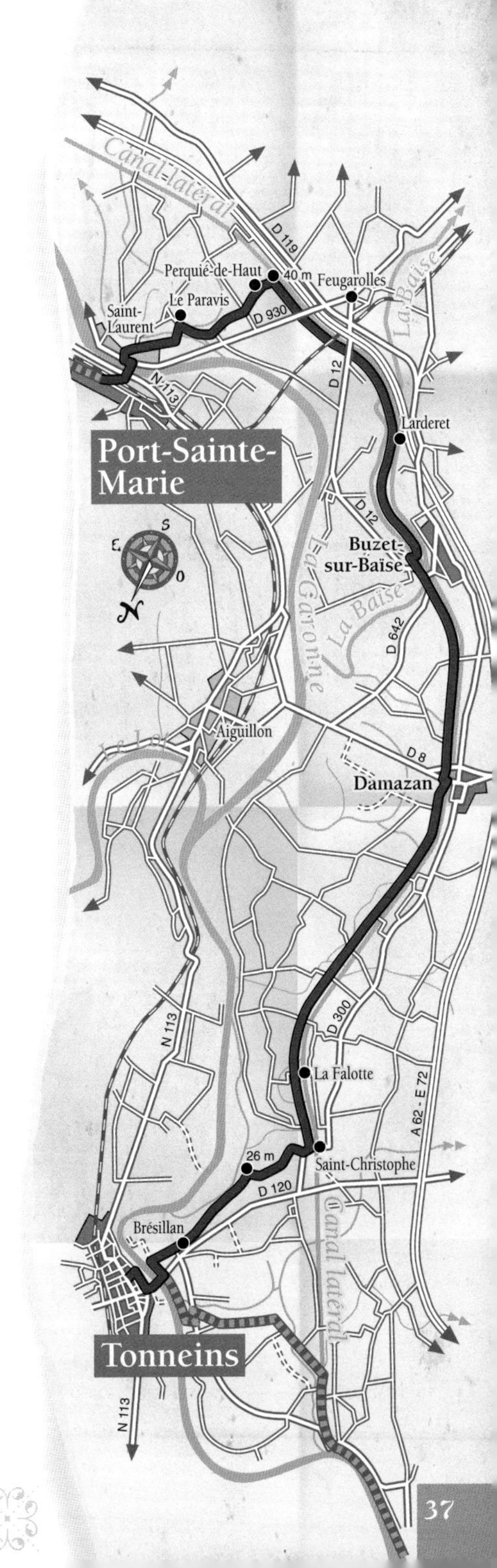

DAMAZAN

Même si Damazan a été créé dans un but défensif, l'importance particulière accordée à la halle et à la place qui l'entoure prouve le rôle économique de la bastide. La halle actuelle, dont l'étage est occupé par la mairie, a été construite en 1820 pour remplacer l'édifice précédent qui menaçait ruine. Ses portiques font écho à ceux des maisons qui cernent la place, en bois pour les maisons en pan de bois de la fin du Moyen Âge, en pierre pour les demeures des XVIIe, XVIIIe et XIXe siècles. Les façades colorées évoquent l'univers de Jacques Demy et ses *Demoiselles de Rochefort*.

BUZET-SUR-BAÏSE

Ce paisible village est au centre d'un des plus anciens vignobles de France. Depuis l'époque gallo-romaine, il donne un vin chaleureux, loué par Henri IV, peut-être à l'origine du courage de Pothon de Xaintrailles, seigneur gascon et compagnon d'armes de Jeanne d'Arc, dont celle-ci disait : « Mon fidèle et vaillant capitaine ne restait pas à l'abri des murailles. Fol et aventureux, il allait avec mes autres Gascons tirer l'épée en plein champ. » Pourtant, les vignerons de Buzet ont connu bien des aléas. Mais ni le phylloxéra (insecte prédateur de la vigne), ni l'exclusion de la zone d'appellation « Bordeaux » ne les ont découragés. Réunis en coopérative, ils produisent du vin rouge et blanc, sous des appellations prestigieuses, merlot, cabernet franc, cabernet sauvignon.

LE PARAVIS

Fondé en 1130, le prieuré de Paravis est un des plus importants établissements monastiques d'Aquitaine. Il a été dévasté par les protestants en 1569, et rétabli l'année suivante. À la Révolution, il fut vendu et plusieurs de ses bâtiments furent démolis. Aujourd'hui, seules demeurent la moitié nord-est du cloître, la porterie, l'hôtellerie, ainsi que les ruines de l'église et du logis abbatial.

PORT-SAINTE-MARIE

Avec un nom pareil, ce village est placé sous le double patronage de Notre-Dame et de la Garonne. Les mariniers, qui avaient affaire au caractère ombrageux du fleuve, allaient demander la protection de sainte Catherine, leur patronne, à l'église Notre-Dame (XVe siècle), aboutissement d'un pèlerinage. On peut voir, dans l'église paroissiale, le « bateau des processions », ainsi que les bâtons des confréries de pénitents du XVIIe siècle.
Dans la ville, des maisons à colombages et des fenêtres à meneaux renvoient au Moyen Âge et à la Renaissance.

La bastide de Damazan

Pont canal

Port-Sainte-Marie

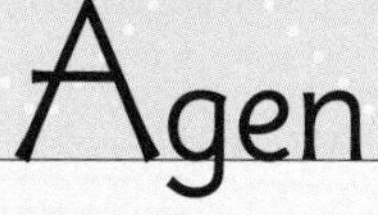

Agen

OURNÉE PAR MONTS et par vaux, nous ne retrouverons la Garonne et son canal qu'au terme de l'étape, à Agen. Avant cela, notre cheminement bucolique nous fait découvrir des villages érigés au Moyen Age au faîte des collines : Clermont-Dessous, Saint-Médard, Maurignac ou Lusignan-Grand abritent chacun des chapelles et églises romanes simples et belles au milieu d'un habitat traditionnel.
Les kilomètres s'égrènent sans monotonie par des petites routes bordées de vergers ou dominant la plaine de la Garonne. En arrivant à Agen, poussez vos pas jusqu'au pont canal jeté au-dessus du fleuve. Il compte parmi les ouvrages prestigieux rencontrés entre Bordeaux et Sète. Le vieux centre d'Agen a su conserver son charme, en particulier avec la rue des Cornières et ses vieux couverts. Les gourmands seront à la fête à l'heure du dîner car l'étape est gastronomique, et pas seulement pour ses desserts aux pruneaux !

Cartes utiles

- 1840 O Port-Sainte-Marie
- 1840 E Agen

Renseignements pratiques

COLAYRAC (47450)

→ HR La Corne d'Or, 14 ch., 51 à 104 €/1 à 4 p., pdj 8 €, rte de Bordeaux, 05 53 47 02 76, www.lacornedor.free.fr

AGEN (47000)

→ OT, 38 rue Garonne, 05 53 47 36 09, www.ot-agen.org

- CDT, 271 rue de Péchabout, 05 53 66 14 14, www.tourisme-lotetgaronne.com
- Tous services, gares SNCF et routière
- H Régina, 22 ch., 46 à 72 €/1 à 4 p., pdj 7,50 €, 139 bd. Carnot, 05 53 47 07 97, www.hotelreginagen.com
- H des Ambans, 7 ch., 24 à 41 €/1 à 3 p., pdj 5 €, 59 rue des Ambans, 05 53 66 28 60, www.ot-agen.org
- R L'Atelier, 14 rue du Jeu-de-Paume, 05 53 87 89 22
- HR Le Périgord, 21 ch., 39 à 67 €/1 à 2 p., pdj 7 €, repas 14,50 €, 42 cours du 14-Juillet, 05 53 77 55 77, www.leperigord47.fr
- H Atlantic, 44 ch., 49 à 82 €/1 à 4 p., pdj 7,50 €, 133 av Jean-Jaurès, 05 53 96 16 56, www.agen-atlantic-hotel.fr
- CH Ferrando, 1 ch., 55 à 60 €/1 à 2 p., 10 rue Danton, 05 53 66 64 33, www.ot-agen.org

BRAX (HC – 47310)

- HR Le Colombier du Touron, 9 ch., 50 à 97 €/1 à 4 p., pdj 8 €, 187 av. des Landes, 05 53 87 87 91, www.colombierdutouron.com

00,0 Port-Sainte-Marie. De la place de la Liberté, emprunter la rue du Docteur-Chanteloube, puis la rue Pasteur (les deux en sens interdit). Sortir du village par la rue du 8-Mai-1945 pour suivre la D 118.

01,4 Laisser la D 118 partir à gauche vers Bazens, continuer tout droit. Après 400 m, monter à gauche la D 245 vers Clermont-Dessous. À mi-côte, gravir à gauche une voie goudronnée (cul-de-sac) qui débouche dans le village de…

La cathédrale d'Agen

0h40 02,7 Clermont-Dessous. On ressort par le parking en contrebas de l'église. Au carrefour, prendre à gauche la direction de Saint-Médard par la D 245. La route paisible domine les coteaux et la plaine de la Garonne. Très belle ferme au Lau.

06,4 Laisser un gîte, chambre d'hôte à gauche, puis un calvaire à droite.

1h45 07,0 Saint-Médard, près de l'église romane. Poursuivre par la D 245.

08,2 Laisser Langlade à droite, suivre à gauche la D 245. Bifurcation suivante : laisser à droite la D 245E vers Fourtic.

10,2 À la sortie de la Gardette, bifurcation : prendre à droite vers Maurignac. Dans ce hameau (175 m), virer à gauche au niveau de l'église romane. Descente par une route étroite.

12,8 Laisser à gauche la route vers Tournade. À 350 m, bifurcation, obliquer à gauche vers Lusignan-Grand.

13,5 À moins de 100 m de la voie ferrée, s'engager à gauche sur la C 8 vers Lusignan-Grand ; route en montée et ombragée. Après 1 km, passer un petit carrefour avec au centre une machine à ferrer les chevaux. Continuer tout droit.

3h45 14,8 Lusignan-Grand. Contourner par son chevet l'église romane du XIIe siècle pour suivre l'unique rue du village. Au pied d'un grand calvaire qui domine la plaine de la Garonne, tourner à droite pour descendre une route étroite et pentue sous les falaises.

15,9 Stop : prendre à gauche pendant moins de 100 m, puis virer à droite vers Carrèrade.

17,0 Franchir les voies ferrées. Après Germa, carrefour en T avec stop (cote 41 m) :

prendre à gauche vers Martel. Quand la route de Catoy nous arrive par la gauche, poursuivre tout droit.

19,3 Giratoire dans Colayrac-Saint-Cirq : continuer tout droit. Second carrefour, toujours tout droit. Laisser à gauche vers la gare.

5h10 20,2 Stop avec la **D 107 :** l'emprunter sur 50 m à droite, puis tourner à gauche par la C 2 vers l'église. Franchir le passage à niveau. Après 200 m, la route vire à droite.

20,9 Au carrefour en T : obliquer à droite vers Sablou, on va longer la voie ferrée.

22,1 Stop (passage à niveau à droite) : emprunter à gauche la D 5 vers Alary. Après 850 m, carrefour, laisser les voies sans issues à gauche et à droite, poursuivre droit devant.

23,1 Stop : utiliser à droite la D 125 vers Agen et franchir le pont (bas côtés herbeux).

24,0 Bifurcation : laisser à droite la D 125 (qui va rejoindre la N 113), monter à gauche par la D 418 (panneau de Cornes-Bédat), la route est bordée d'habitations. Droit devant se dresse la flèche de la cathédrale d'Agen.

25,6 Stop avec N 113, à suivre à gauche. Dès lors, il y a des trottoirs. Passer trois feux.

26,9 Au quatrième feu, on croise le canal latéral, le pont canal est sur la droite. Descendre en face vers le centre-ville. Au feu suivant, virer à gauche jusqu'à l'église Saint-Hilaire et Sainte-Foy. S'engager à droite dans la rue Lamennais, traverser la place Carnot, poursuivre par les rues Gabriel-Griffon, Puits-du-Saumon.

27,8 On débouche dans la rue des Cornières, à emprunter à gauche. Elle est bordée de couverts. Tirer à droite par la place Barbès. Enfin, la rue Molinier nous achemine…

7h20 28,0 **Agen,** place du Maréchal-Foch, devant la cathédrale.

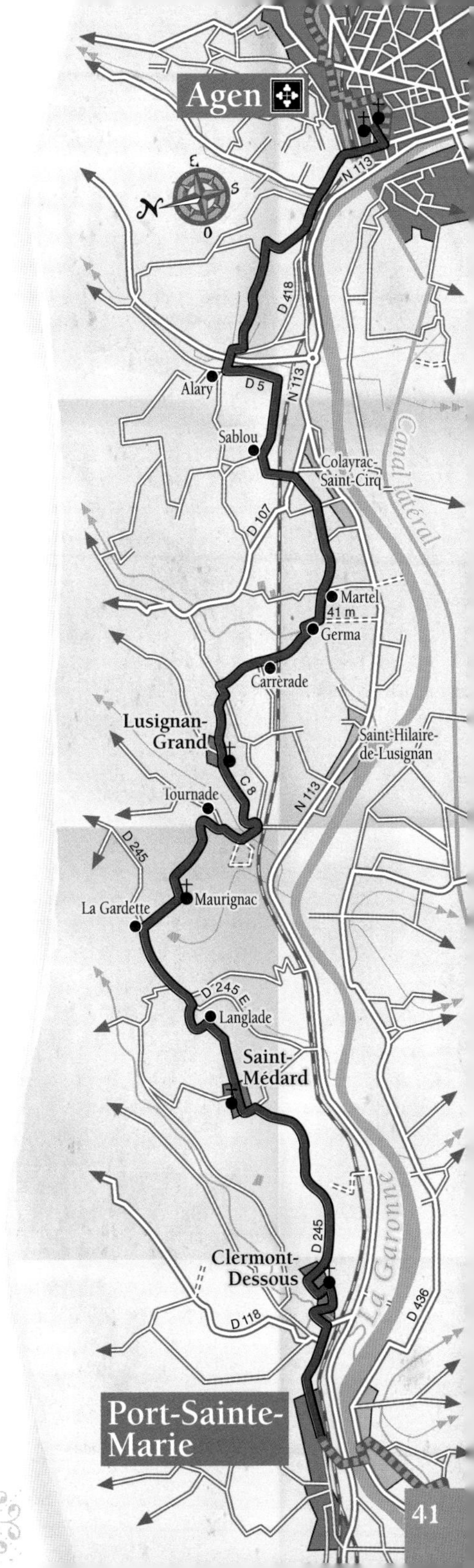

CHEMIN FAISANT

Journée d'infidélité au canal latéral, nous allons même nous écarter du cours de la Garonne afin de nous élever en hauteur et profiter de splendides panoramas sur sa plaine alentour. Notre petite route buissonnière nous permet de découvrir des villages hauts perchés fondés au Moyen Age, et une succession de vergers.

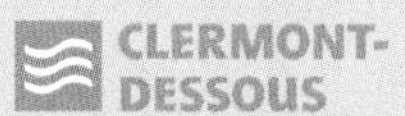

CLERMONT-DESSOUS

Par sa position défensive, ce bourg permettait de contrôler le trafic fluvial sur la Garonne, en contrebas. Le site était déjà bien fortifié au début du XIIIe siècle, puisque le village est assiégé en vain par Amaury de Monfort en 1221. Le castrum est mentionné pour la première fois dans le *Saisimentum* de 1271, qui le situe dans la baylie de Port-Sainte-Marie.

L'église, construite au XIIe siècle, est située au sommet du promontoire portant le château et isolée du village par un fossé. Elle est mentionnée comme prieuré de bénédictins en 1520, dépendant de l'abbaye de Clairac. L'édifice est très modeste avec son plan cruciforme très ramassé et une travée de nef voutée en berceau. Un premier château a sans doute été implanté dès le XIe siècle sur l'éperon rocheux. Mais les vestiges que nous pouvons voir sont plus tardifs et remontent aux XIIIe et XVe siècles.

SAINT-MÉDARD

Le village est entouré de vergers, comprenant essentiellement des poiriers. Dès l'entrée, une vaste propriété consacre son activité à la culture des poires et produit également de l'eau-de-vie. L'église paroissiale, édifiée une première fois au XIIe siècle, a été presque entièrement rebâtie après les troubles de la guerre de Cent Ans. Le chevet avec ses modillons sculptés appartient à la première période de la construction. La nef, composée d'un vaisseau central de deux travées flanqué de bas-côtés, a remplacé l'ancienne voûte romane. Le clocher-porche quadrangulaire semble contemporain de la nef.

MAURIGNAC

C'est un modeste village ou plutôt un hameau coquet avec ses maisons traditionnelles abondamment fleuries. L'église, par ses dimensions, fait songer bien plus à une chapelle. Ses murs abritent une sculpture d'un Christ en croix en bois du XVIIe siècle. Une longue descente, puis une remontée sur le flanc opposé du vallon, nous fait découvrir...

LUSIGNAN-GRAND

Encore un village édifié au Moyen Age sur un tertre à des fins défensives. En repartant, nous verrons que Lusignan est perché en bordure des falaises de calcaire qui dominent la Garonne. Cette même pierre a servi à la construction des habitations les plus anciennes et à l'édification de l'église Saint-Laurent, laquelle remonte probablement au XIIe siècle comme en témoigne la facture des chapiteaux romans.

AGEN

Située à égale distance de Bordeaux et de Toulouse, Agen a toujours été un carrefour important, ce qui lui a valu une histoire mouvementée. Au IVe siècle, la *Civitas Agennensis* est une cité opulente étendue sur un territoire supérieur à celui de la ville actuelle. Elle est riche de cinq temples, de thermes, d'un théâtre, d'un amphithéâtre, d'un forum autour de la basilique impériale et de magnifiques villas. Hélas, les invasions barbares et celles des Vikings qui remontent la Garonne depuis Bordeaux détruisent la cité. Ville charnière entre les possessions des rois de France et d'Angleterre, elle subit les affres de la guerre de Cent Ans. Elle sort un peu plus dégradée des croisades albigeoises et des guerres de Religion.

La Garonne joue un rôle primordial dans l'histoire d'Agen. Le trafic fluvial y est important. La Manufacture royale, dès le XVIIIe siècle, assure la fabrication des voiles pour la Marine. Au milieu du XIXe siècle, la construction du canal latéral de la Garonne marque la fin du trafic fluvial. La ville est dotée d'un superbe pont-canal porté par vingt-trois arches.

Agen est une pépinière de célébrités. Béatrice Uria-Mozon, cantatrice internationalement connue, y est née, ainsi que Francis Cabrel et le philosophe Michel Serres. Montesquieu y passa son enfance. D'éminents scientifiques y ont leurs racines : Louis Ducos de Hauron, un des inventeurs de la photographie en couleur (si bien que la première photographie en couleur est une vue d'Agen) ; la famille Bru, fondatrice des laboratoires UPSA. Nostradamus y vécut.

Agen est connue pour ses pruneaux. C'est en effet d'ici que partaient pour Bordeaux les fruits savoureux. Entre 3 et 3,5 kg de prunes d'Ente sont nécessaires pour l'obtention d'un kilo de pruneaux. À la fin de l'été, on « secoue les pruniers » pour faire tomber tous les fruits dans de grands filets placés sous les arbres. La récolte subit un séchage doux et lent, jusqu'à la transformation en pruneaux. Le prunier d'Ente est un croisement entre une variété locale et le prunier de Damas. Ce dernier aurait été rapporté par des croisés au retour d'un siège infructueux de la ville. Plus tard, les moines de l'abbaye de Clairac, non contents d'avoir opéré cette greffe avec succès, découvrirent qu'un long séchage

au soleil permettait de conserver les fruits. Ceux-ci se dégustent sous de multiples formes : glace aux pruneaux et à l'Armagnac, pruneaux fourrés à la pâte d'amande. Ils entrent aussi dans la composition des plats salés, car leur arôme se marie délicieusement à celui des viandes blanches.

La ville est riche de son histoire. L'église Notre-Dame-du-Bourg, du XIIIe siècle, dresse son clocher-mur de briques rouges. Saint-Caprais, l'un des premiers martyrs de la ville au IIIe siècle, a donné son nom à la cathédrale dont la construction a débuté au XIe siècle et a duré plusieurs siècles. Au fil des ans et des assauts de l'histoire, l'édifice a été embelli, endommagé, restauré et présente plusieurs styles. Son superbe chevet est roman, ainsi que la salle capitulaire du couvent attenant. De la cathédrale à la mairie, place du Docteur-Esquirol, plusieurs rues illustrent le passé d'Agen : les couverts aux diverses arcades de la rue des Cornières abritaient les commerces des riches marchands agenais ; dans la ruelle des Juifs se tenaient les banques médiévales ; rue du Puits-du-Saumon se trouve la plus ancienne demeure civile d'Agen, datant du XIVe. La mairie siège dans l'ancien palais de justice, édifié en 1666, à la belle façade classique. Le musée des Beaux-Arts occupe quatre hôtels des XVIe et XVIIe siècles, et assure les grandes expositions dans l'église Notre-Dame-des-Jacobins, aux lignes pures et élégantes.

L'église de Saint-Médard

La halle d'Auvillar

Agen Auvillar

Étape de 36 km pour les plus téméraires ou de moitié moins pour tous ceux qui préféreront marquer un arrêt à Lamagistère, au niveau de Donzac. Après une première portion accomplie le long du canal, aujourd'hui encore nous nous en écartons afin découvrir une campagne splendide, semée de pigeonniers. Il y en a de toutes les tailles et toutes les formes. Donzac est une bastide qui s'est développée grâce au commerce du sel et des produits de la terre. Son Musée de la ruralité rend un bel hommage à la vie paysanne. La suite de l'étape est plus vallonnée et passe au large de la centrale de Golfech, de très loin repérable avec son panache de fumée. Enfin, nous atteignons Auvillar. La halle circulaire est célèbre, et le marché réserve toujours son lot de bons produits du terroir. Arpenter les ruelles d'Auvillar est une remontée dans le temps.

Cartes utiles

- 1840 E Agen
- 1940 O Valence
- 1941 O Miradoux

Renseignements pratiques

AUVILLAR (82340)

- OT, place de la Halle, 05 63 39 89 82, www.auvillar.com
- HR L'Horloge, 10 ch., de 50 à 85 €/1 à 3 p., pdj 9,50 €, pl. de l'Horloge, 05 63 39 91 61, www.horlogeauvillar.monsite-orange.fr
- R Le Bacchus, route de Valence, 05 63 29 12 20
- GE, CH, R Le Baladin ; G 13 pl., 16 €, pdj 6 €, repas 14 € ; 4 CH, 30 à 50 €/1 à 2 p., ½ pens. 40 à 50 €/p., snack à toute heure, fermés du 01/12 au 01/03, 5 pl. de la Halle, 05 63 39 73 61, www.lebaladin82.com
- CH Mon Village et Vous, 55 à 100 €/1 à 3 p.,

9 rue Marchet, 06 64 62 07 52, www.monvillageetvous.com

→ CH, 3 ch., 31 à 75 €/1 à 4 p., rue Saint-Pierre, 05 63 39 66 10, www.josianne-falc.com

→ CH, 5 pl. en 2 ch, 32,50 à 112 €/1 à 5 p., 11 rue Saint-Pierre, 05 63 29 07 43, www.auvillar.com/dassonville

00,0 Agen, place du Maréchal-Foch. Face au chevet de la cathédrale, emprunter la rue de la Commune-de-Paris (en sens interdit). Après 100 m, suivre à gauche le bd du Président-Carnot. Au feu devant la gare, tirer à droite vers une passerelle, gravir les marches (les cyclistes utilisent la rampe d'accès) et passer au-dessus des voies ferrées. À l'autre extrémité, au bord du canal, descendre à droite le quai de Dunkerque.

00,9 Giratoire : obliquer à gauche vers le pont, mais descendre de suite sur la rive droite pour emprunter le chemin piéton (cycliste).

01,8 Passer sous une passerelle.

02,1 Grimper sur le pont de l'avenue Henri-Barbusse afin de changer de rive. Poursuivre rive gauche en direction du sud-est par un sentier herbeux. Les cyclistes peuvent emprunter une rue parallèle au canal.

03,2 La route s'écarte, marcheurs et cyclistes avancent de concert au bord de l'eau.

04,5 Tables de pique-nique et supermarché. Passer sous la N 113, le chemin continue bien ombragé par des platanes.

1h40 06,6 Halte nautique de Boé. Après 500 m, on passe devant le château Saint-Marcel.

08,6 Feu avec la D 443 et pont. Poursuivre en face par le chemin de Saint-Louis. Après 400 m, franchir un pont canal.

10,0 Le canal s'élargit en formant demi-cercle. À cet endroit, le sentier est si étroit qu'il peut être plus prudent de suivre le goudron. On retrouve le chemin de halage à moins de 100 m.

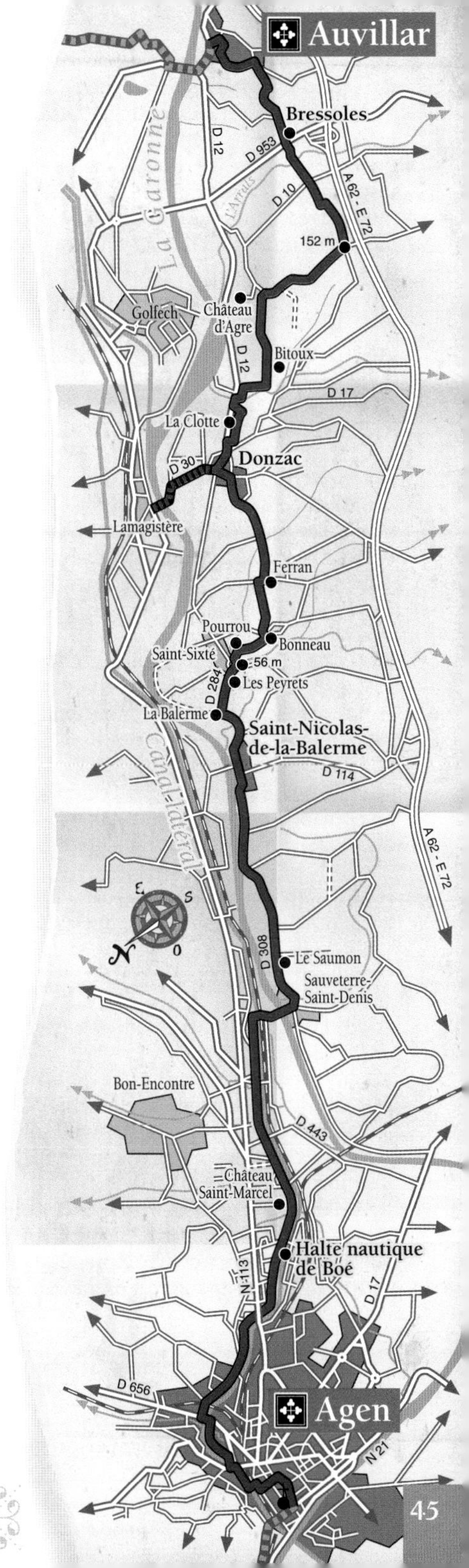

2h50 11,0 **Pont** et carrefour : quitter le chemin de halage pour emprunter à droite la D 308 vers Sauveterre-Saint-Denis. À 300 m, s'engager sur le pont suspendu au-dessus de la Garonne. À Sauveterre, remarquer à droite la belle église de brique. Suivre à gauche la D 308 vers Saint-Nicolas.

12,3 Laisser à droite le château Saint-Denis. Cote 51 m (le Saumon) : laisser la D 308 partir à droite, prendre à gauche vers Saint-Nicolas. Aller tout droit sur cette route qui ne dessert que des fermes.

4h15 16,7 **Saint-Nicolas-de-la-Balerme.** Stop avec la D 114. Poursuivre en face pour entrer dans le village. En sortant du village, bifurcation (calvaire) : emprunter à gauche la D 284 vers Saint-Sixte. Traverser la Balerme, puis les Peyrets.

18,9 La D 284 vire à gauche (cote 56 m) : obliquer à droite vers Dunes en contournant l'église par la droite (stèle commémorative édifiée en mémoire des tziganes fusillés par les nazis en juin 1945). Passer les hameaux de Pourrou, Ricard (beau pigeonnier) et Bonneau. À la bifurcation, prendre à gauche (la centrale de Golfech est droit devant !).

20,1 Carrefour au pied d'un pin : aller tout droit. À 950 m, après la ferme de Perrache, virer à droite pour quelques mètres et devant Ferran, tourner à gauche (E.-S.-E.).

22,0 Franchir un petit pont et laisser le haras Brulhois à droite.

6h00 23,6 **Donzac.** Stop avec la D 30 à emprunter à gauche. Après 300 m, il suffit d'obliquer à droite pour être en centre ville*.

24,0 Donzac, centre. La mairie est laissée à gauche. À 300 m, giratoire : emprunter à gauche la D 12 vers Auvillar. Après 200 m, quitter la D 12 pour suivre à droite vers la Clotte.

25,4 On touche le coude d'une route (Rolet) à descendre à gauche. Après 300 m, emprunter à droite la D 12 pendant 10 m pour franchir un pont. Remonter de suite à droite vers Mireval. Laisser à gauche une voie sans issue, monter à droite.

26,7 Ferme de Bitoux. Notre route arpente les coteaux avec une vue imprenable sur la centrale nucléaire.

28,2 Une tour ruinée se dresse à gauche de la route. À 100 m, le chemin du Château d'Agre arrive par la gauche. Au stop, prendre à droite, plein sud. Laisser plusieurs embranchements annexes : Gazaillan, Gravet, Cantegril.

30,4 Carrefour (cote 152 m) : prendre la route à gauche, limitée à 16 T. Couper la D 10, continuer en face vers Bordeneuve. Franchir le ruisseau l'Arrats.

8h30 32,8 **Bressoles.** Couper la D 953. Monter en face un chemin gravillonné, puis herbeux, assez raide (les cyclistes rejoignent Auvillar par la D 953, puis la D 12).

33,5 À la fin du sentier, laisser l'embranchement à gauche vers le Castérus. Aller tout droit (≈ plein est). Laisser Mangoué-Nord à droite.

34,8 Au carrefour en T : obliquer à gauche. À l'entrée d'Auvillar, bifurcation : descendre à gauche pour buter sur la D 12. L'emprunter sur 50 m pour arriver à…

9h20 36,2 **Auvillar,** au pied de la porte de l'Horloge.

* À Donzac, il n'y a pas d'hébergement. Mais, il est possible de scinder l'étape Agen – Auvillar en deux, en passant la nuit à Lamagistère qui possède un hôtel (Auberge de Lamagistère, N 113, 05 63 29 68 20, www.auberge-lamagistere.com)
À partir de Donzac, il suffit d'emprunter la D 30 (attention, route assez passante) et de franchir le pont sur la Garonne. Le trajet de centre à centre est de 1,7 km.

Place d'Auvillar

SAINT-NICOLAS-DE-LA-BALERME

L'église, rebâtie à la fin du XVIe, abrite une représentation de saint Roch, qui avait dévolu sa vie aux soins des pestiférés. Cette statue de bois date du XVe et a excité la convoitise des voisins. En effet, en 1712, les habitants de la bastide de Caudecoste, désireux de se prémunir contre la peste, volèrent la statue du saint et la chargèrent sur une charrette tirée par des bœufs. Mais parvenus à la limite de la paroisse, ceux-ci refusèrent d'avancer, signifiant la volonté du saint de rester à Saint-Nicolas, ce qui nous permet aujourd'hui d'y admirer cette statue classée. Le château de Saint-Philip, qui date du XVe siècle, a été rénové avant la Première Guerre mondiale.

DONZAC

Son origine remonte à l'Antiquité. Port gallo-romain, puis bastide au XIIe siècle, Donzac joignait à une situation stratégique un privilège indéniable, celui du commerce du sel qui a contribué à sa richesse. Grâce au conservatoire de la Ruralité (05 63 29 21 96), il est possible de découvrir toute la diversité et la richesse de la vie rurale : village d'artisans et de commerces divers au charme suranné, école des années 1920, véhicules anciens, collection de faïences, verger, permettent de replonger dans un mode de vie oublié.

LES PIGEONNIERS

À l'origine, seuls les nobles pouvaient posséder un colombier. Mais après la Révolution, les pigeonniers fleurirent dans la campagne. Ils permettaient de recueillir la colombine, fiente de pigeons, qui servit d'engrais jusqu'au XIXe siècle, avant que les phosphates et autres produits chimiques ne la supplantent. En outre, les pigeons d'élevage constituaient un apport économique et gastronomique non négligeable, ce qui explique les soins apportés à ces édifices. Tout d'abord, les issues autorisant les entrées et sorties des volatiles doivent être à l'abri des intempéries et suffisamment étroites pour en interdire l'accès aux rapaces. D'autres aménagements empêchent également les rongeurs d'accéder aux ouvertures. Les murs intérieurs sont recouverts de boulins, c'est-à-dire des trous ou des pots destinés à la ponte. Ces impératifs respectés, la plus grande liberté est autorisée, ce qui explique la fabuleuse diversité architecturale de ces constructions.

AUVILLAR

Cité gallo-romaine, Auvillar subit diverses invasions, dont celles des Normands au Xe siècle, ce qui conduisit à la fortification de la ville haute. Malheureusement, ce statut de place forte lui valut d'être au centre de tous les conflits ravageant la région – croisade albigeoise, guerre de Cent Ans, guerres de Religion – qui conduisirent à la destruction du château vicomtal. Il appartenait aux comtes d'Armagnac avant d'échoir aux rois de Navarre, au XVIe siècle. Ce très beau village (il fait partie des plus beaux villages de France) offre un camaïeu de rose, rouge, orange, joliment mis en valeur par les volets gris bleu. La halle aux grains circulaire, érigée en 1825 sur l'emplacement de l'ancienne halle, accueille des concerts et un marché fermier le dimanche matin. Tout autour, les maisons des XVIe, XVIIe et XVIIIe cernent la place de leurs arcades. L'église Saint-Pierre était à l'origine un prieuré bénédictin. Ce monument historique a été restauré aux XVIIe et XIXe siècles.

La faïence a grandement contribué à la prospérité d'Auvillar, du XVIIe au XIXe siècle. À la fin du XVIIe, malgré les efforts de Colbert, le trésor royal, mis à mal par les différentes guerres et les folies versaillaises, était maigrichon. Sur les ordres de Louis XIV, la vaisselle d'orfèvrerie, en or et argent, fut envoyée à la fonte. Il fallut bien remplacer les services ainsi détruits, ce qui signa l'envol de l'expansion de la faïence. Il y eut jusqu'à quatre cents potiers employés par les poteries de la ville. Les quelque un million deux cent mille pièces produites annuellement étaient transportées par bateaux vers Bordeaux, vendues le long de la Garonne et même expédiées en Angleterre ou vers les colonies. Le dernier atelier d'Auvillar ferma ses portes en 1905, mais de magnifiques pièces sont exposées au musée du Vieil Auvillar (05 63 39 89 82).

La vie maritime, très active, est retracée dans le musée de la Batellerie, situé dans la tour de l'Horloge (XVIIe). Le port trouve son origine dans un droit de péage levé par les vicomtes, sur toutes les marchandises y transitant. Il se trouve sous la protection de sainte Catherine, patronne des mariniers, dont la chapelle porte un chrisme (monogramme du Christ) datant de l'époque mérovingienne.

Pigeonnier de Donzac

Moissac

Auvillar Moissac

VOUS RENCONTREREZ beaucoup de marcheurs sur le tracé de cette dixième étape. Mais ô étrangeté ! ils vont tous à contresens ! Ces « cheminants » au long cours appartiennent à une nouvelle espèce en voie de développement, les pèlerins de Compostelle. Vous en avez peut-être croisé le premier jour dans Bordeaux, aux abords du pont de Pierre, ceux-ci venaient de Tours ou de Paris, puis au cours de la quatrième étape, entre Pondaurat et La Réole, ceux-là marchaient depuis Vézelay. Les cohortes d'aujourd'hui arrivent du Puy-en-Velay, ils sont les plus nombreux. Et ce n'est pas fini, vous en verrez d'autres avant Sète, en provenance d'Arles !

Aujourd'hui, nous suivons une grande voie compostellane ou GR 65, mais à l'envers, histoire de jouer les trouble-fête. Le parcours n'est pas moins beau pour autant. Depuis l'attachant village d'Auvillar, nous parcourons la plaine de la Garonne et ses nombreux vergers. Évidemment, le meilleur est pour la fin avec Moissac et son abbatiale Saint-Pierre, flanquée d'un cloître sublime. La sculpture médiévale vous y raconte la Bible à la manière d'une bande dessinée.

Moissac

Cartes utiles

- 1941 E Saint-Nicolas-de-la-Grave
- 2040 O Moissac

Renseignements pratiques

MOISSAC (82200)

- OT, 6 pl Durand-de-Bredon, 05 63 04 01 85, www.moissac.fr
- Gare SNCF
- C de l'Île de Bidounet, 100 empl., 12 à 15,60 €/2 p., bungalow 70 €/4 p., 01/04 au 30/09, Saint-Benoît, 05 63 32 52 52, www.camping-moissac.com
- H Le Luxembourg, 12 ch., 48 à 54 €/1 à 3 p., pdj 7 €, 2 av. P.-Chabrié, 05 63 04 00 27, www.hoteluxembourg82.com
- HR Chapon Fin, 23 ch., 55 à 80 €/1 à 5 p., pdj 8,50 €, ½ pens. 86 €/p., 3 pl. des Récollets, 05 63 04 04 22, www.lechaponfin-moissac.com
- HR Le Pont Napoléon, 12 ch., 49 à 70 €/1 à 2 p., pdj 8 €, repas 28 €, 2 allée Montebello, 05 63 04 01 55, www.le-pont-napoleon.com
- HR des Crêtes de Pignol, 11 ch., 50 à 55 €/1 à 2 p., pdj 8 €, repas 19 €, 1167 chemin de Pignols, 05 63 04 04 04, www.cretesdepignols.com
- G L'Ancien Carmel, 70 pl. en 28 ch., 25 €/p., repas 12,50 € , 5 sente du Calvaire, 05 63 04 62 21, www.gitecarmel-moissac.fr
- G et CH, 10 pl. + 4 ch., 39 à 56 €/1 à 2 p., 40 rue Guilleran, 05 63 04 07 88, www.jeanyvesprovensal.free.fr/
- CH Le Lodge de la Madeleine, 8 pl. en 3 ch., 80 à 180 €/1 à 4 p., repas 29 €, 543 rte de Sèges, 05 63 04 24 43, www.lelodgedelamadeleine.com

00,0 Auvillar. De la porte de l'Horloge, emprunter la rue de l'Horloge jusqu'à la halle circulaire qu'on laisse à droite. Au fond de la place, descendre une rue pavée, puis un raidillon au-dessus du lavoir. Laisser à votre gauche la chapelle Sainte-Catherine. Au bout de la rue…

00,7 Franchir à droite le pont suspendu sur la Garonne. À son extrémité, on bute sur un carrefour giratoire. Virer à droite vers le monument aux morts d'Espalais. Laisser l'église à gauche, emprunter la rue du Barry, puis l'avenue Monplaisir (balisage).

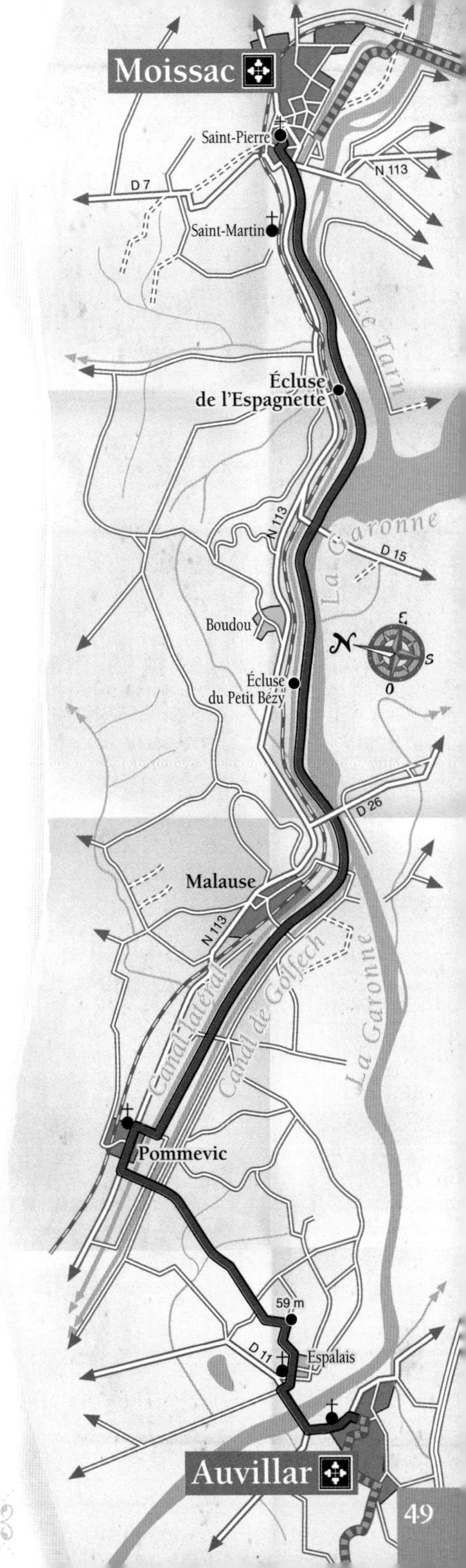

02,2 Bifurcation (cote 59 m) : obliquer à gauche (balisage).

04,7 Fourche en U : prendre à gauche pour franchir le canal de Golfech par un pont en béton.

1h15 05,2 **Pommevic.** On bute sur la N 113, à suivre à droite à travers le village (abbatiale du XIe siècle). Après 400 m, descendre à droite, devant une maison en brique et fenêtres en œil-de-bœuf. Franchir le pont au-dessus du canal.

05,9 Au bout du pont, descendre au bord du canal pour suivre la rive droite (E.-S.-E.).

07,0 Écluse 28 du Braguel. Poursuivre sous les platanes.

09,0 Un entrepôt se dresse sur la rive gauche. Poursuivre par la rive droite. En chemin, les rencontres se multiplient avec les marcheurs venant en sens inverse : ce sont les pèlerins de Compostelle, partis du Puy-en-Velay.

2h35 10,4 **Malause.** Le village s'étend en fait de l'autre côté du canal. Les marcheurs suivent un chemin herbeux ou bien peuvent emprunter une piste goudronnée à l'instar des cyclistes.

11,0 Passer sous un grand pont en béton qui relie Malause à Saint-Nicolas-de-la-Grave.

12,8 Écluse du Petit Bézy.

4h15 17,0 **Écluse d'Espagnette.** Les cyclistes ont ici aussi le choix entre le chemin gravillonné ou la piste goudronnée. Attention ! Après 900 m, la piste devient en sens interdit.

19,2 Laisser à droite les silos Lafarge. L'église Saint-Martin s'élève non loin de là sur la rive gauche. Désormais, nous pouvons suivre une sorte de piste pour piétons jusqu'à Moissac. Après 300 m, poursuivre par le quai Ducos.

19,9 Moissac. Monter une volée de marches et franchir à gauche le canal par un pont qui débouche sur un carrefour. Continuer en face par le boulevard Lakanal. Emprunter à droite la rue Sainte-Catherine jusqu'à la place des Récollets. Sur la place, tourner à gauche pour remonter la rue de la République…

5h10 20,4 **Moissac,** parvis de l'abbatiale Saint-Pierre.

FRANCHISSEMENT DE LA GARONNE

La plupart des cours d'eau sont enjambés par des ponts. Cependant, plusieurs facteurs empêchèrent longtemps la construction d'ouvrages au-dessus de la Garonne : son cours capricieux, l'absence de berges fixes et surtout l'ampleur de la plaine inondable. La seule possibilité, et ce jusqu'en 1845, de franchir la rivière était le bac, dont l'utilisation était restreinte aux heures comprises entre le lever et le coucher du soleil. Les crues fréquentes rendaient aléatoire le trajet. En 1841, un pont suspendu fut jeté entre les deux rives à proximité d'Auvillar. Soumis à un droit de péage pendant quarante-neuf ans, et objet de plusieurs avaries, il cessa d'être utilisé en 1939.

La centrale de Golfech

LA CENTRALE DE GOLFECH

Elle est implantée sur la commune de Golfech, en aval du confluent du Tarn. Elle possède deux réacteurs nucléaires à eau pressurisée de 1300 MW chacun, mis en service respectivement en 1991 et 1994. En

2002, ils ont produit 19,6 milliards de kWh (19,6 TWh), soit plus de la moitié de la production électrique de la région. Golfech est équipée de deux tours de réfrigération, des colosses en béton qui ont la forme d'hyperboloïde à une nappe (rien que ça). À l'intérieur, un système complexe permet de refroidir l'eau utilisée dans la centrale. Une partie de cette eau passe sous forme de vapeur qui est rejetée dans l'air. C'est le fameux panache que l'on voit au-dessus de toutes les centrales nucléaires et que les naïfs assimilent à des champignons atomiques. Alors que ce n'est que de la vapeur d'eau !

MOISSAC

Une sympathique légende raconte que le fondateur de la ville fut Clovis qui, en 506, ayant vaincu les Wisigoths en perdant mille chevaliers, voulut faire construire une abbaye de mille moines. Pour déterminer le lieu exact, il lança son javelot qui se planta dans les marais. C'est à cet endroit que naquit Moissac. Dans la réalité, ce n'est pas tout à fait cela, parce qu'on a découvert dans le sous-sol de la ville des restes d'une villa romaine. De plus le suffixe du mot Moissac révèle son origine gallo-romaine. Avant même d'entrer dans la ville, se dresse en bordure de notre chemin, l'église Saint-Martin qui comprend des éléments préromans et des portions de soubassements gallo-romains.

Le canal latéral pénètre dans Moissac, bordé par de belles façades en brique, puis traverse le cœur de la ville en se distinguant par un ouvrage inédit, le pont tournant Saint-Jacques. Ce pont présente un tablier monté sur un pivot, ce qui permet de le faire virer horizontalement pour le présenter dans l'axe du canal et libérer ainsi le passage aux navires souffrant d'un tirant d'air important.

L'ABBAYE SAINT-PIERRE

Elle fut fondée au VIIe siècle et rattachée en 1047 par saint Odillon à la puissante abbaye de Cluny. Moissac se situe sur la via Podiensis, l'un des quatre grands itinéraires traversant la France en direction de Saint-Jacques-de-Compostelle, ce qui a beaucoup contribué au développement spirituel et artistique de l'abbaye. Elle devient, dès le XIIe siècle, le plus important centre monastique du sud-ouest de la France. En approchant de l'abbatiale, on est frappé en premier lieu par le tympan du portail sud qui constitue le véritable chef-d'œuvre du sanctuaire. Exécuté au XIIe siècle, il illustre l'Apocalypse de saint Jean avec en son centre un Christ en majesté. Les personnages se distinguent par une profusion de détails expressifs, une finesse des expressions dans les visages aux traits presque orientaux, dans les drapés des vêtements. Le clocher-porche fut fortifié vers 1180. L'ensemble défensif comporte un chemin de ronde, un parapet crénelé, et une galerie à mâchicoulis. On pénètre dans l'abbatiale en franchissant le portail encadré de piédroits polylobés. Les importants chapiteaux du narthex sont décorés de motifs végétaux ou d'animaux, tels ces loups et ces louves dont les têtes viennent se confondre, à l'angle, pour enlever un mouton ou un oiseau dans leur gueule.

La base de la nef est de facture romane. Les parties hautes furent exécutées au XVe siècle, dans le style gothique méridional. Parmi le mobilier, on remarque une *Pietá* de 1476, une fuite en Égypte de la fin du XVe siècle, ainsi qu'un Christ roman du XIIe siècle. Une niche placée sous l'orgue abrite un sarcophage mérovingien en marbre blanc des Pyrénées.

Le cloître offre également un remarquable exemple de mélange des styles roman et gothique. Les

Église Saint-Pierre de Moissac

chapiteaux les plus anciens furent achevés en l'an 1100. Les travaux reprirent un siècle plus tard. Au total, ce sont quatre-vingt-huit chapiteaux historiés qui illustrent différents thèmes tirés de la Genèse, de l'enfance du Christ et de la vie des saints. Vieux de plus de neuf siècles, le cloître a bien failli être rasé en 1853 par les ingénieurs qui traçaient la voie de chemin de fer Toulouse-Bordeaux.

LE MUSÉE MOISSAGAIS

Installé dans l'ancien logis des abbés, c'est une construction flanquée d'une tour crénelée. Il abrite des objets liés à l'histoire de l'abbaye et présente deux cartes qui permettent de mesurer l'étendue du rayonnement du monastère au Moyen Âge. À l'étage supérieur, on peut découvrir des objets des arts et traditions de la région de Moissac et du Quercy (tél. : 05 63 04 03 08).

LE CHASSELAS

C'est le raisin associé à la région de Moissac, avec ses petits grains dorés et translucides qui sont appréciés de septembre à Noël pour leur parfum raffiné, leur goût mielleux et leur croquant. Le chasselas bénéficie d'une appellation d'origine contrôlée et il se mange, mais ne se boit pas ! En Suisse et en Allemagne, c'est un cépage blanc qui donne le fendant ou encore le gutedel.

Moissac Montech

La journée va vous faire découvrir deux ouvrages remarquables du canal, en plus des écluses. Dès la sortie de Moissac, on emprunte le pont canal du Cacor qui enjambe le Tarn. Avant l'arrivée à l'étape, la pente d'eau de Montech se dévoile tel un plan incliné parcouru par deux wagons, sortes de Michelines, qui halent les péniches ou autres embarcations afin de leur épargner le franchissement d'une succession d'écluses traditionnelles. Que dire de l'étape proprement en tant que telle ? Elle parcourt une plaine intensément cultivée où les vergers occupent une large place. Castelsarrasin mérite une petite halte. Son port est du reste très animé. Montech est une agréable petite ville, dominée par le rouge de la brique. Par sa forme, la flèche de l'église annonce déjà les clochers toulousains. À la terrasse de café de l'hôtel Notre-Dame, il y a de fortes chances pour que vous entendiez « causer » dans la langue de Shakespeare. Ici, nos voisins britanniques sont légion, ils apprécient autant la douceur du climat que les vins et les bons plats du terroir.

Cartes utiles

- 2040 O Moissac
- 2041 O Castelsarrasin

Renseignements pratiques

CASTELSARRASIN (82100)

- OT, allée de Verdun, 05 63 32 01 39, www.ville-castelsarrasin.fr
- Gares SNCF et routière
- H Marceillac, 12 ch., 48 à 60 €/1 à 2 p., pdj 8,50 €, 54 rue de l'Égalité, 05 63 32 30 10, www.hotelmarceillac.com

- HR Le Félix, 14 ch., 40 à 67 €/1 à 3 p., pdj 6,30 €, Raousset (HC), 05 63 32 14 97
- CH Aux Berges du Merdaillou, 2 ch., 40 à 65 €/1 à 4 p., Courbieu, 05 63 32 41 69, www.chambre-hote-castelsarrasin.fr
- 3 km ap. : CH Les Dantous, 14 pl. en 5 ch., 40 à 70 €/1 à 4 p., 05 63 32 26 95, www.gite-lesdantous.com
- 3,5 km ap. : CH Domaine de Coustous, 2 ch., 65 à 105 €/1 à 4 p., Saint-Martin-Belcassé, 05 63 04 58 02, www.coustous.com

SAINT-PORQUIER (82700)

- CH Les Hortensias, 3 ch., 60 à 85 €/1 à 3 p., 18 rue Sainte-Catherine, 05 63 31 85 57, www.chambres-hotes-leshortensias.com

MONTECH (82700)

- OT intercommunal, pl. Jean-Jaurès, 05 63 64 16 32, www.cc-garonne-canal.fr, www.ville-montech.fr
- 5 km av. : CH Maison des Chevaliers, 18 pl. en 6 ch., 70 à 140 €/1 à 4 p., repas 25 €, Escatalens (HC, 1,5 km du canal), 8 pl. de la Mairie, 05 63 68 71 23, www.maisondeschevaliers.com
- C Le Paradis, 200 empl., 10,50 à 18 €/2 p., La Mouscane, 05 63 31 14 29, www.paradis-camping.com
- H Le Notre-Dame, 11 ch., 30 à 50 €/1 à 2 p., pdj 7 €, 7 pl. Jean-Jaurès, 05 63 64 77 45

00,0 Moissac. Parvis de l'abbatiale Saint-Pierre. Emprunter la rue de la République, longer la place des Récollets, poursuivre par la rue Jean-Maura. À 340 m, couper le bd Alsace-Lorraine en laissant à gauche l'église Saint-Jacques, reconvertie en musée jacquaire. S'engager dans la rue de l'Inondation-de-1910.

00,5 Carrefour et canal latéral de la Garonne, dont on va suivre à gauche la rive gauche. Dépasser la halte nautique.

00,9 Écluse de Moissac. Poursuivre rive gauche par un beau chemin blanc.

01,6 Écluse de Grégonne que coiffe un saule pleureur. Après 500 m, écluse de Cacor et re-saule, toujours aussi pleureur !

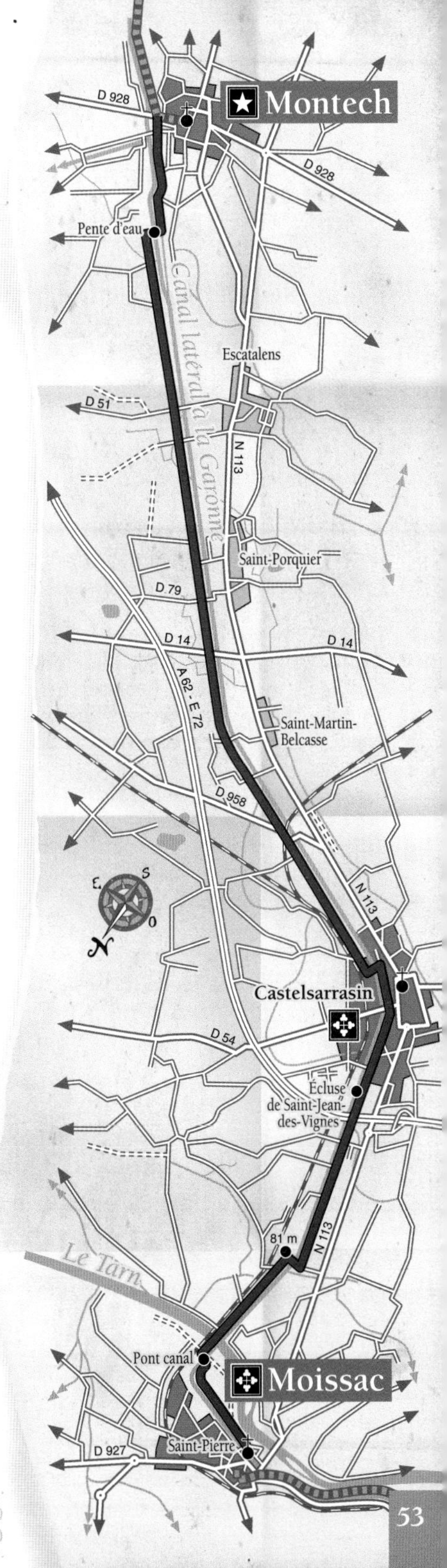

02,3 Entrée du pont canal du Cacor, au-dessus du Tarn. (La silhouette arachnéenne du pont ferroviaire sur la gauche évoquera aux grands voyageurs le pont Paul-Doumer de Hanoï qui, lui, enjambe le fleuve Rouge !)

04,1 Quitter le chemin de halage rive gauche, franchir le pont (cote 81 m) afin de poursuivre sur la rive droite. Passer l'écluse d'Artel, puis 500 m plus loin celle de Verriès.

05,8 Écluse n° 20 de Saint-Jean-des-Vignes.

07,3 Écluse de Castelsarrasin. La rive gauche est bordée d'une longue usine en brique.

2h00 **08,5** **Castelsarrasin.** Halte nautique. Les plaisanciers se comptent en grand nombre. Le centre-ville est à main droite.

09,0 Pont (à proximité d'un château d'eau). Enjamber le canal afin de poursuivre rive gauche par un sentier herbeux, ombragé par des marronniers (les cyclistes peuvent suivre une petite route parallèle).

10,8 Écluse n° 18 de Prades. Ici le canal est bordé de vastes serres à légumes et arbres fruitiers. Peu à peu, notre chemin se laisse envahir par les herbes folles, le décor devient plus sauvage.

3h15 **13,3** **Écluse n° 17 de Saint-Martin.** Ici, le chemin (toujours rive gauche) est pierreux, supportable pour les marcheurs, mais très inconfortable pour les cyclistes ! La torture est heureusement de courte durée.

14,6 Pont. (En empruntant à droite la D 79, le village de Saint-Porquier est à 500 m.) À présent, les rives du canal sont ombragées par trois rangées d'arbres.

17,9 Écluse n° 16 d'Escatalens. (La petite route, empruntée à droite, rejoint le village après un kilomètre. On peut revenir sur le canal en utilisant la D 51 qui le coupe au pont suivant.)

20,0 Le canal se divise en deux bras. Depuis la rive gauche, nous suivons le cours qui conduit à la pente d'eau de Montech. Tandis que le canal originel, à droite, rencontre cinq écluses.

5h15 **21,1** **Pente d'eau de Montech** que nous remontons à droite. Après 600 m, au point haut de la pente, virer à droite pour franchir le pont sur le canal au niveau de l'écluse des Peyrets. Poursuivre par la rive droite, bordée de friches industrielles.

22,5 Écluse de Montech. Après 300 m, on atteint la halte nautique. Tirer à droite à travers le jardin public. On bute sur la D 928, à suivre à droite vers le centre-ville.

5h50 **23,3** **Montech.** Carrefour avec hôtel Notre-Dame et l'office de tourisme.

Pente d'eau

EN SORTANT DE MOISSAC, CHEMIN FAISANT...

Le pont-canal du Cacor se situe à 1,5 km en amont du port de Moissac. Réalisé en 1845 par l'ingénieur montalbanais Pierre Gausserand, il permet d'enjamber le Tarn. L'ouvrage, avec une longueur totale de 356 m et une largeur 8,35 m sur quatorze piles, constitue le second pont le plus important du canal de la Garonne, après celui d'Agen. L'utilisation de la brique toulousaine et de la pierre du Quercy pour sa construction lui confère beaucoup d'élégance et une douceur de teintes particulièrement chaleureuse, quand on le contemple aux heures du soleil levant ou au couchant.
À la suite des crues importantes du Tarn en 1930 qui avaient emporté le pont ferroviaire situé à l'est du canal, les trains empruntèrent durant quelques mois l'un des chemins de halage du pont-canal. La construction d'un nouveau pont ferroviaire en acier fut entreprise dès la fin de l'année 1930. Sa mise en service débuta au printemps 1932.

CASTELSARRASIN

La fondation de la ville remonterait à l'an 961, date à laquelle, Raimond Ier, comte de Rouergue, donne par testament à l'abbaye de Moissac l'église Saint-Sauveur et ses terres. L'édifice reste le plus intéressant monument de la ville. Par ailleurs, les historiens sont divisés quant aux origines du nom de Castelsarrasin. Les Arabes n'ayant jamais poussé leur invasion jusque dans la région, on peut exclure l'hypothèse d'une occupation de la ville ou l'existence d'un château (castel) leur ayant appartenu. Au cours des siècles suivants, les habitants eurent à guerroyer contre les Anglais jusqu'à la fin du XIIe siècle, puis subirent la croisade des albigeois un siècle plus tard, et la guerre de Cent Ans.
Pendant les guerres de Religion, Castelsarrasin, la catholique, est aux prises avec le reste de la région, plutôt protestante. L'église Saint-Sauveur est d'ailleurs un des rares édifices qui a échappé à une destruction en règle. En 1658, Antoine Laumet, dit Lamothe-Cadillac, naquit tout près de Castelsarrasin, à Saint-Nicolas-de-la-Grave. Envoyé par le roi de France aux Amériques, il y fonda la ville de Détroit, puis fut nommé gouverneur de Louisiane en 1710. Revenu en France, il devint gouverneur de Castelsarrasin le 11 février 1723 et y mourut quelques années plus tard, en octobre 1730.
En signe de reconnaissance pour son fondateur, la ville de Détroit donna son nom à la célèbre marque d'automobiles. Pour les amateurs de « belles américaines », des rencontres de Cadillac ont lieu à Castelsarrasin tous les deux ans en été (fin juillet, début août). Un festival Louisanne se déroule également tous les ans à la fin août. Toute la ville vibre alors au son du jazz New Orleans. Dernière précision : que les fans du chanteur Pierre Perret sachent que leur idole est natif de la ville !

L'ÉGLISE SAINT-SAUVEUR

Mentionnée dès 961, l'église de la place de la Raison fut reconstruite et agrandie en 1254. Jusqu'au XVIIe siècle , elle demeura un prieuré dépendant de l'abbaye de Moissac. Gothique, et entièrement bâtie de briques, elle est dominée par un clocher-tour de forme octogonale, percé de trente-deux fenêtres géminées et à plein cintre. L'édifice abrite de splendides boiseries provenant pour la plupart de l'ancienne abbaye de Belleperche, acquises en janvier 1799, des stalles du XVIIe siècle, mais le chœur n'en abrite que trente-neuf sur les quatre-vingts d'origine. Le buffet d'orgue sculpté date du XVIIIe siècle.

L'ÉGLISE SAINT-JEAN

Située au bout de la rue Paul-Descazeaux, elle doit certainement son nom aux chevaliers de Saint-Jean-de-Jérusalem, très actifs dans la région où passent les pèlerins en marche vers Compostelle. L'église est mentionnée dès le XIIIe siècle, mais l'édifice actuel, bâti en brique, date en grande partie du XVIe siècle .
La plupart des monastères et des couvents que comptait Castelsarrasin ont été détruits pendant la Révolution. L'habitat civil comprend quelques demeures de la Renaissance et du XVIIIe siècle, parmi lesquelles l'hôtel Lamothe-Cadillac, au n° 6 place Lamothe-Cadillac, dite « maison des gouverneurs » ; Lamothe-Cadillac y vécut de 1723 à 1730. La façade est du XVIIIe siècle, tandis que la cour intérieure est antérieure. On notera également une maison à façade Renaissance, percée de fenêtres à meneaux, sur la place de la Liberté.

LE CANAL

Il pénètre dans Castelsarrasin en longeant l'usine de la Compagnie des métaux. Un décor plus riant entoure la halte nautique très prisée des plaisanciers. Le lieu ombragé et bordé de jardins peut constituer un cadre idéal à l'heure du pique-nique.

LA PENTE D'EAU DE MONTECH

C'est un « ascenseur » à bateaux établi sur le canal latéral à la Garonne, peu avant d'arriver dans la commune de Montech. Il est géré par les Voies navigables de France. Sa fonction est de remplacer un groupe de cinq écluses successives. La pente d'eau consiste à créer, parallèlement au canal, une rigole artificielle épousant la pente naturelle du terrain. Deux engins automoteurs de forte puissance, équipés

d'un masque étanche, poussent en montée et retiennent en descente, un triangle d'eau sur lequel flotte un bateau. Ce système original, mis en service en 1974 et unique au monde à cette époque, assure le passage des bateaux en 20 min, soit un gain de temps de 45 min environ par rapport aux écluses traditionnelles.

MONTECH

Le bourg est implanté sur une terrasse qui domine vers l'ouest la Garonne, vers l'est le canal latéral, et plus loin le Tarn. À l'époque romaine, passait en ce lieu une importante voie de communication qui reliait la région de Narbonne à l'Aquitaine. Le canal latéral et la N 113 reprennent à peu de chose près cet itinéraire. Montech n'est devenu un village à part entière qu'aux XIIe et XIIIe siècles, lorsque l'habitat s'est regroupé autour d'un château pour former un castrum. Murailles, fossés et quatre portes protégeaient les habitants des éventuels agresseurs. Pendant les guerres de Religion, Montech, à l'instar de Castelsarrasin, s'affirme en tant que bastion catholique en s'opposant à la citadelle protestante de Montauban. Le XVIIIe siècle permet la prospérité de la cité avec le développement de l'industrie textile. Les maîtres tisserands, les couturiers et les notables se font construire des demeures cossues, parfois des hôtels particuliers. Le vieux centre conserve de cette époque un bel ensemble de maisons en brique à colombages, percées de fenêtres à meneaux. Pour les découvrir, il faut musarder en suivant les rues parfois pavées de Sadi-Carnot, du Collège ou Maubec.

Sur la place de la Mairie s'élève la façade rose de l'hôtel de ville, au-dessus des arcades. À son emplacement se dressait, dès le XIVe siècle, l'hôpital Saint-Esprit. Pendant les guerres de Religion, il fut réquisitionné par le roi Lois XIII pour accueillir les blessés. Menaçant ruine, il fut reconstruit en 1648 dans sa forme actuelle. Dans un premier temps, le bâtiment hébergea l'orphelinat dans une aile, l'hôtel de ville dans l'autre. Aujourd'hui, l'administration municipale en occupe la totalité.

L'église de Notre-Dame-de-la-Visitation, bâtie aux XIVe et XVe siècles, est dominée par un imposant clocher de style gothique méridional dont la silhouette altière évoque celui de Saint-Sernin, à Toulouse.

Montech

Le marché de Grenade

Montech Grenade

ANS CETTE PORTION du canal, à la limite du Frontonais, la voie d'eau risquait de paraître un brin monotone, et le manque d'hébergement se faisait aussi cruellement sentir. C'est pourquoi nous avons choisi de nous égarer à travers les terres. Le tracé est simple, il nécessite cependant d'être un peu plus attentif à notre descriptif. Ce détour nous vaut de découvrir Verdun-sur-Garonne, une bastide fortifiée.
Outre la beauté de son vieux centre, on peut y trouver de quoi se sustenter et même dormir, si l'envie de scinder l'étape en deux vous effleurait l'esprit.
C'est par des pistes goudronnées, tracées à travers champs, que nous gagnons Grenade.
En chemin, ne manquez pas la petite la chapelle Saint-Jean, construite en adobe. C'est une autre bastide qui nous accueille au terme de notre journée. Grenade exhibe un quadrillage parfait qui se développe à partir des halles couvertes de sa place centrale.
Si vous passez par là un jour de marché, consacrez lui un moment, vous ne serez pas déçus. Son animation et ses produits alléchants vous persuaderont que la douce France possède encore de beaux restes de tradition en matière d'art de vivre.
Quelques lamelles de magret séché, accompagnées de quelques gorgées de Fronton, pourraient améliorer singulièrement l'ordinaire à l'heure du casse-croûte !

Cartes utiles

- 2041 O Castelsarrasin
- 2041 E Montauban
- 2042 O Verdun-sur-Garonne
- 2042 E Grenade

Renseignements pratiques

Grenade-sur-Garonne (31330)

- OT Save et Garonne, 38 rue Victor-Hugo, 05 61 82 93 85, www.tourisme-grenade.fr
- H Villa Léopoldine, 6 ch., 85 €/1 à 2 p., pdj 9 €, 29 rue Gambetta, 05 62 79 45 13, www.villaleopoldine.com
- CH Domaine de Cayssel, 8 pl. en 3 ch., 60 à 70 €/1 à 4 p., 05 61 82 72 68, http://cayssel.online.fr

Castelnau-d'Estrétefonds (HC – 31620)

- CH Domaine (vinicole) de Saint-Guilhem, 4 ch., 46 à 80 €/1 à 3 p., 1619 ch. SSaint-Guilhem, 05 61 82 12 09, www.domainesaintguilhem.com

Verdun-sur-Garonne

00,0 Montech. Carrefour avec l'hôtel et l'office de tourisme. Emprunter la D 928 (trottoirs) pour revenir au canal. Après 420 m, quitter la route pour obliquer à droite par la rue des Lavandiers, vers la rive droite du canal. Aire de pique-nique et chemin herbeux inaugurent la journée !

01,0 Gravir la rampe en bois pour enjamber le canal et passer rive gauche.

02,2 Écluse de la Vache. Repasser du côté rive droite. Les paysages alentour deviennent plus boisés. Châtaigniers, hêtres et chênes ombragent les rives et notre parcours.

09,3 À partir de ce pont, des entrepôts se dressent sur la rive gauche. Au pont suivant…

10,4 Quitter le canal pour emprunter à droite la petite route vers…

2h40 11,5 Bessens. Couper la N 113, gagner en face le centre du village par la rue de la Mairie. Après 350 m, au carrefour près de l'église, prendre à gauche et virer de suite à droite afin de contourner église et monument aux morts. En contrebas, obliquer à gauche, sud-ouest.

12,1 Bifurcation (transfo électrique) : emprunter la petite route à gauche, au sud. Après 300 m, la route vire à droite.

13,7 Carrefour en T (calvaire, 95 m) : laisser à droite vers Monbéqui, prendre à gauche, plein sud. Ignorer tous les embranchements vers Granié, puis le chemin des Arts, etc.

15,3 Stop avec la D 6 que l'on va emprunter à droite pour franchir le pont suspendu sur la Garonne (trottoirs).

4h00 16,1 Verdun-sur-Garonne. Passer le pont de Miègeville. À 200 m, on débouche sur la place centrale, au pied de la tour de l'Horloge. De cette place, emprunter la D 26 vers Grenade. Après la maison de retraite, s'engager à droite sur le chemin des Campets.

16,9 Bifurcation en T : virer à gauche sur une petite route bordée de lotissements récents. Après 600 m, on franchit un ruisseau, à la bifurcation de Bourg-Ville (cote 110 m), prendre à gauche, puis à la Bezette obliquer encore à gauche vers Aucamville. La route file S.-S.-O. parmi les champs.

18,7 On passe sous des lignes électriques à HT. Après 900 m, couper une route, continuer tout droit, tandis que des ânes saluent notre passage.

20,7 Laisser à gauche la Baraque juste avant le carrefour (cote 124 m) où nous virons à gauche au sud-est. Après 850 m, à la ferme Pausadis, nous tournons à droite (≈ au sud).

5h40 **22,4** On débouche sur la **D 52,** à suivre à droite sur moins de 100 m. On la quitte de suite pour prendre à gauche. Remarquez l'étrange habitation couverte de galets, tourelles et autres bizarreries. Descente dans un vallon cultivé de kiwis. Au point haut, de l'autre côté, on laisse à gauche la chapelle Saint-Jean, en adobe.

23,5 Carrefour (122 m) : prendre à gauche (E.-N-.E.), la route s'oriente ensuite à l'E.-S.-E. Passer le hameau des Pessots. Juste après…

25,0 Au carrefour, emprunter à droite la route qui file sensiblement au sud.

26,2 On bute sur la D 3 : la suivre à gauche (attention : bien utiliser les bas-côtés herbeux !). Après 400 m, au carrefour (calvaire), s'engager à droite sur la piste vers Vidal. Juste avant la ferme (après 180 m), emprunter à gauche un chemin gravillonné, puis herbeux.

28,0 Une piste arrive par la droite, nous longeons une ferme. À 800 m, retour sur le goudron. Suivre droit devant le chemin de Touret.

29,4 On touche la D 29, à descendre à gauche. On passe bientôt le panneau d'entrée de Grenade, avec lui arrivent les trottoirs.

30,7 Carrefour giratoire (supermarché). Poursuivre en face pour entrer dans la bastide. On franchit le pont sur la Save avant d'emprunter la rue de la République.

8h00 **31,3** **Grenade.** Place du Marché.

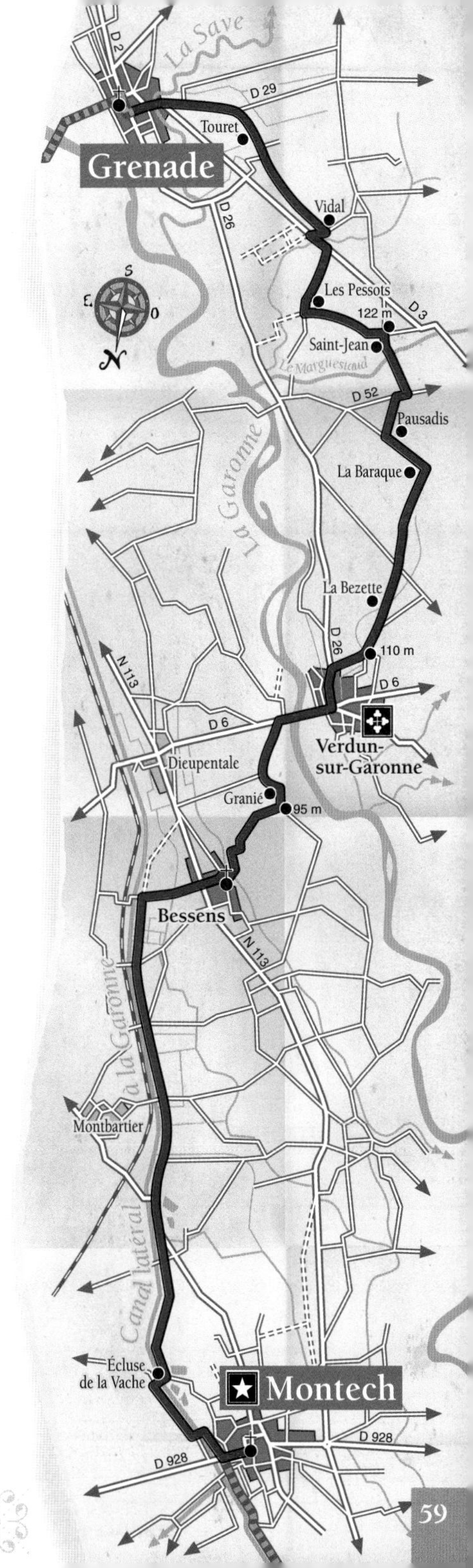

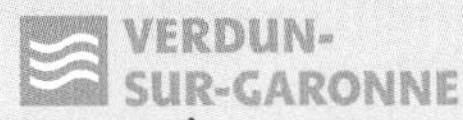

VERDUN-SUR-GARONNE

Au Moyen Âge, Verdun se composait de trois parties : la ville proprement dite, ou castrum, le château féodal et la bastide.
Le castrum, le noyau le plus ancien de la cité, jouxtait sans doute le château féodal et abritait une opulente population de commerçants et de notables habitant des maisons dotées de jardins en bordure de la Garonne. Le château, dit de la reine Margot (parce qu'elle y aurait vécu ?), était une bâtisse seigneuriale qui fut totalement détruite lors des guerres de Religion. C'est aussi dans sa tour que furent massacrés les juifs en 1320, lors de la croisade des Pastoureaux (voir ci-dessous). À l'emplacement du

Verdun

château fut édifiée, au XIXe siècle, l'étrange villa Maria qui mélange de multiples styles d'architecture, dont le Tudor. La bastide, enfin, était une extension du castrum, un quartier plus humble où vivaient les travailleurs du port et du fleuve. La rue du Port témoigne de l'emplacement supposé de l'ancien port sur la Garonne, avant que le fleuve ne migre plus au sud. Verdun a longtemps été tournée vers la marine. Ainsi, la ville fournissait jusqu'à quatre cents matelots au XVIIIe siècle, dont une centaine rejoignaient les vaisseaux du roi Louis XIV.

Le castrum et la bastide furent reliés au Moyen Âge par le pont de Miègeville. De nos jours, les remparts médiévaux se remarquent à peine. En revanche, la tour de l'Horloge (XIVe siècle) nous donne accès à l'intérieur de la cité. Avec ses façades à colombages, la rue Gabriel-Péri semble n'avoir guère évolué en trois siècles, de même que la halle édifiée au XIVe siècle sur la place du Marché qui garde toute son harmonie. L'hôtel de Seyssel, en retrait de la place, offre un bel exemple de maison bourgeoise de la fin XVIIIe. À côté, l'église paroissiale a subi bien des vicissitudes. L'église primitive fut en partie détruite par les albigeois, puis brûlée et ruinée pendant la guerre de Cent Ans. L'édifice actuel, classé monument historique, a été édifié au XVIe siècle dans le style gothique. Ses voûtes ont été ornées de peintures polychromes au XIXe siècle par l'abbé Cheval. Placée sous le double patronage de Notre-Dame et de saint Michel, elle possède deux autels. Sa cuve baptismale en plomb remonte au XIVe siècle.

VERDUN ET LES PASTOUREAUX

En 1320, des bandes errantes de vagabonds ou de miséreux traversent la France et déferlent sur le Sud-Ouest. Vols et pillages ravagent la région. Ceux qu'on appelle les pastoureaux, peut-être à cause de leur jeunesse, mènent sous l'égide de quelques fanatiques une dernière croisade. Ils s'acharnent contre les juifs à l'époque où se déroulent les grands procès de l'Inquisition. La communauté de Toulouse est anéantie. Les cinq cents juifs de Verdun, réfugiés dans la tour du château à laquelle les pastoureaux mettent le feu, se tuent entre eux plutôt que de tomber au mains des assaillants.

DE VERDUN À GRENADE, CHEMIN FAISANT...

Plaine, ô ma plaine. Notre route file à travers une campagne intensément cultivée. Au détour d'un virage, nous pouvons découvrir d'étranges plantations : les cultures de kiwis.

La terre que nous parcourons a toujours été féconde, et continue de l'être. Pour s'en convaincre, il suffit de regarder les champs de céréales et de tournesol. Mais les cultures ont changé depuis le Moyen Âge et *Jacquouille* serait bien surpris par les tunnels de plastique qui protègent des lianes étranges portant des fruits velus. Il s'agit des kiwis, surnommés également « couilles de Mao ». Le fruit est en effet évocateur. Originaire de Chine, il a été appelé kiwi par les producteurs néo-zélandais, du nom de l'oiseau emblématique de leur pays. D'une teneur exceptionnelle en vitamine C, il est, selon la médecine chinoise, un des « aliments de vie ». La France en est le quatrième producteur mondial.

LA CHAPELLE SAINT-JEAN

Au niveau du pk 23 de l'étape, au sortir d'un vallon, ne manquez pas sur votre gauche la petite chapelle Saint-Jean-Baptiste-de-Marguestaud, construite en terre en 1713. De taille modeste et sans atours, elle représente une survivance de ces édifices bâtis à peu de frais depuis le Moyen Âge jusqu'au XIXe siècle et qui, bien sûr, en raison de leur fragilité n'ont pas survécu au temps.

GRENADE-SUR-GARONNE

Une autre bastide. Créée en 1290, elle est aujourd'hui tout aussi dynamique qu'au Moyen Âge. Il suffit, pour s'en convaincre, de flâner dans ses ruelles aux façades roses et riantes qui annoncent celles de Toulouse. Le samedi, jour de marché, la halle, classée monument historique, et dont le bois des charpentes a été coupé en 1293, regorge de marchandises de toutes sortes : meubles, vaisselle, vêtements, plantes médicinales, fruits et légumes, trésors de la gastronomie locale : cous d'oies farcis, grattons de canard (morceaux de peau de canard frits dans la graisse du volatile)... La halle d'Auvillar devait avoir la même forme avant sa reconstruction. Le pont de Save, aux arcs gothiques, permettait la circulation des marchandises, en particulier les céréales dont la région était riche. L'édification de l'église Notre-Dame-de-l'Assomption a débuté dès la création de la bastide. À sa forme massive est accolé un clocher octogonal haut de 45 m. Elle abrite un retable en bois doré du XVIIIe siècle et un superbe buffet d'orgue. Grenade est le lieu de naissance du photographe Jean Dieuzaide.

LE FRONTON

Un cépage original, la négrette, occupe les vignobles entre le Tarn et la Garonne. Vraisemblablement rapporté de Chypre par les croisés, il donne un vin fortement marqué par des arômes violets, le fronton.

Hôtel-Dieu de Toulouse

Grenade Toulouse

Depuis Grenade, il faut parcourir 6 km avant de retrouver le canal. À partir de ce point, c'est tout droit jusqu'à Toulouse. Le parcours n'est certes pas très exaltant, car nous suivons une piste cyclable que se partagent piétons et cyclistes, mais l'ombre est abondante et l'eau apporte une sensation de fraîcheur.
Le calme de ces derniers kilomètres le long du canal latéral à la Garonne nous protège aussi du tumulte habituel que réserve généralement aux marcheurs l'approche des grandes villes. Le port de l'Embouchure marque l'entrée dans le centre de Toulouse et le début du canal du Midi.
Une page est tournée, une nouvelle aventure commence qui nous conduira jusqu'aux rives de la Méditerranée. En attendant, la ville rose nous accueille.
Sa richesse mérite beaucoup mieux qu'un court arrêt nocturne.
C'est peut-être le moment de marquer une pause avant de poursuivre. En cheminant vers le centre-ville, nous aurons l'occasion de goûter à la beauté paisible du canal de Brienne au bout duquel, pour la dernière fois au cours de notre long périple, nous côtoierons la Garonne…

Les Jacobins

Cartes utiles

- 2042 E Grenade
- 2143 O Toulouse

Renseignements pratiques

TOULOUSE (31000)

→ OT, Donjon du Capitole, 0892 180 180, www.toulouse-tourisme.com

→ Maison Midi-Pyrénées, 1 rue Rémusat, 05 34 44 18 18, www.tourisme-midi-pyrenees.com

→ Réserv'Hôtels, 0892 700 297: lundi au ven. 9h/18h, www.reserv-hotels.fr

→ Tous services, gares SNCF et routière, aéroport

→ H Royal Wilson, 27 ch., 55 à 92 €/1 à 4 p., pdj 8 €, 6 rue Labéda, 05 61 12 41 41, www.royal-wilson.com

→ H Albert ler, 47 ch., 55 à 198 €/1 à 4 p., pdj 10 €, 8 rue Rivals, 05 61 21 17 91, www.hotel-albert1.fr

→ H Ours Blanc, 38 ch., 60 à 107 €/1 à 4 p., pdj 7 €, 2 rue Victor-Hugo, 05 61 23 14 55, www.hotel-oursblanc.com

→ H Trianon, 23 ch., 57 à 96 €/1 à 3 p., pdj 7 €, 7 rue Lafaille, 05 61 62 74 74, www.hoteltrianon.pagesperso-orange.fr

→ CH, 6 pl. en 2 studios, 40 à 50 €/1 à 3 p., pdj 5 €, chemin de la Pelude, 06 17 33 72 93, http://toulouse-studio-parnuit.wifeo.com

→ CH Chambres du Palais, 2 studios, 94 €/2 p., 7 rue des Fleurs, 06 80 62 70 85, www.web.me.com/leseauxetleshuiles/Site/

00,0 Grenade. Quitter la place du Marché à l'angle sud-est par la rue de Castelbajac. Au bout, virer à droite, aller jusqu'au feu.

00,5 Carrefour avec la D 17, à descendre à gauche vers Ondes. Laisser de suite à gauche la route vers Verdun, poursuivre par la D 17 en utilisant au mieux les bas-côtés (cette portion est un peu pénible, mais il n'y a pas d'autre alternative).

01,6 Pont sur la Garonne. Au giratoire, obliquer à droite pour traverser Ondes en se dirigeant vers le lycée agricole.

02,7 Feu et lycée agricole à droite. Poursuivre tout droit. Après 550 m, carrefour

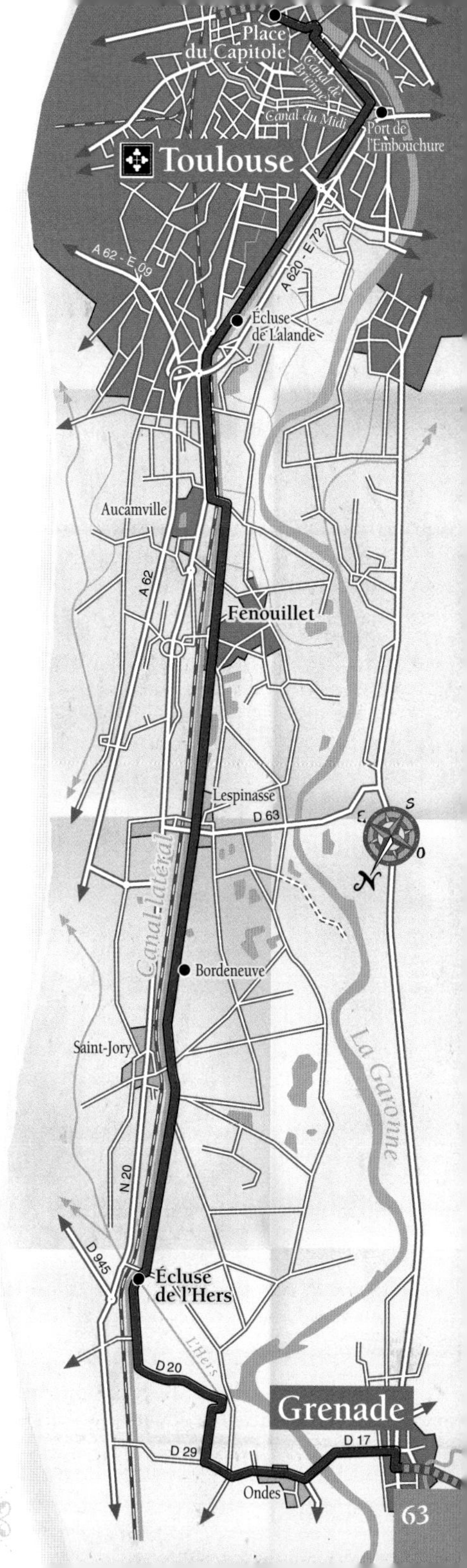

giratoire : suivre en face la D 29 vers Fronton durant 350 m, puis…

03,6 Dans le virage, quitter la D 29 pour s'engager à droite sur un chemin herbeux le long de poteaux électriques (au S.-S.-E.). Après 500 m, laisser à gauche un chemin peu marqué, faire un écart de deux mètres à droite avant de continuer dans la même direction, au S.-S.-E.

04,6 La piste vire à droite en visant une ferme et un hangar. Passer entre les deux bâtiments pour gagner une petite route, située en contrebas de la D 20. L'emprunter à gauche. Cette route paisible est bordée de sablières.

06,5 Carrefour en T en bordure du canal latéral de la Garonne. À droite, c'est une voie sans issue. Devant (un peu sur la gauche) près du panneau « Chemin du Canal », un passage permet de rejoindre la piste cyclable du canal sur la rive droite. Emprunter cette voie goudronnée à droite. On aperçoit sur la rive gauche le village Castelnau-d'Estrétefonds.

2h00 07,8 Écluse de l'Hers, suivie d'un pont canal au-dessus de la rivière. Peu après, un étang apparaît sur la droite. Notre piste est bien ombragée .

10,8 Saint-Jory s'étale le long de la rive droite. Après 500 m, on passe l'écluse de Saint-Jory.

13,4 Écluse de Bordeneuve, puis à deux kilomètres l'écluse de Lespinasse.

17,5 Laisser un embranchement à droite vers le village de Fenouillet.

4h50 19,4 Écluse de Fenouillet.

22,7 Nous passons sous la rocade de Toulouse. Après 600 m, pont et écluse de Lalande. Nous suivons désormais la rive gauche.

7h00 27,5 Port de l'Embouchure. Traverser le carrefour et poursuivre en face par le canal de Brienne. On peut suivre en partie le chemin de halage sous l'ombre des grands platanes. Les cyclistes emprunteront la piste cyclable et la chaussée de l'allée de Brienne.

29,1 Arrivée sur la Garonne, entre la chaussée du Bazacle (à droite) et le pont Saint-Pierre (à gauche). Emprunter à gauche le quai Saint-Pierre, puis la place Saint-Pierre. Prendre à gauche au feu la rue Valade, puis à la bifurcation s'engager à droite dans la rue Pargaminières qui devient la rue Romiguières avant de déboucher…

7h45 30,0 Toulouse, place du Capitole.

Les Jacobins

TOULOUSE LA ROSE

La Ville rose doit son surnom à la brique employée dans la majeure partie des édifices. L'absence de carrières de pierres dans les environs n'aurait pu être compensée que par l'acheminement onéreux du précieux matériau, mais les bords de la Garonne, riches en argile, donnèrent naissance à toutes les nuances de rose et d'orangé de la brique toulousaine.

La région de Toulouse est un lieu de brassage des peuples et des cultures. Habitée depuis les temps les plus reculés, comme en témoignent les traces d'un village du néolithique à Villeneuve-Tolosane, ainsi qu'une nécropole datant du VIIIe siècle avant J.-C. dans le quartier Saint-Roch, elle a été successivement occupée par les Volques Tectosages, tribu celte venue d'Allemagne, les Romains, les Wisigoths, puis les Francs, et a accueilli au XXe siècle les réfugiés espagnols, puis les rapatriés d'Afrique du Nord.

Chaque peuple a participé à l'opulence de la ville. Les Volques exploitaient l'or de l'Ariège et de la Montagne Noire. Les Romains en ont fait un important centre militaire et administratif, mais aussi un pôle dans le commerce du vin italien et d'autres marchandises, dotant la ville de temples, de théâtres, d'égouts, d'un d'aqueduc, et d'un rempart construit avec des pierres pyrénéennes dont on peut voir les vestiges en plusieurs lieux (place Saint-Jacques, ou rue Bida). Elle fut la capitale du royaume wisigoth, ou royaume de Toulouse, qui s'étendait de la Loire à Gibraltar. Sous la domination franque, elle se révèle un bastion important contre les conquêtes arabes. Plus tard, du IXe au XIIIe siècle, elle est gouvernée par les puissants comtes de Toulouse qui dominent tout le Languedoc et se trouve au centre de la florissante culture occitane. Revenue à la couronne royale après sa reddition pendant la croisade albigeoise, elle connaît une grande prospérité à partir du XVe siècle grâce à l'industrie du pastel, colorant végétal, à l'origine de nombreuses fortunes toulousaines et donc de nombreux hôtels particuliers. Au XIXe siècle, la violette de Parme, ramenée par des soldats des armées napoléoniennes, fait la joie des fleuristes et des confiseurs qui la cristallisent dans du sucre. Au XXe siècle, ce sont les guerres qui pour une fois vont participer à son développement économique. Pendant la Première Guerre mondiale, Toulouse fournit l'armée française en uniformes. Sous l'impulsion de Pierre-Georges Latécoère, l'aéronautique donne des ailes à la ville avec, en 1927, l'Aéropostale et la ligne Toulouse-Dakar-Buenos Aires, associée aux noms de Mermoz et de Saint-Exupéry, et la création de la Société nationale des constructions aéronautiques du Midi en 1939. L'activité se poursuit aujourd'hui avec Airbus et toutes les industries de pointe qui s'y rattachent de près ou de loin. L'industrie chimique a toujours été très présente depuis le XXe siècle.

LA GARONNE

La rivière a joué un rôle déterminant dans l'histoire de Toulouse. En effet, une boucle de la rivière provoque un ralentissement du courant, ce qui permit l'installation d'un gué, ou *bazacle*. Au XIe siècle, un groupe de seigneurs initia la construction d'un barrage et de moulins. Ils assuraient l'entretien des lieux et touchaient des dividendes en fonction du nombre de parts qu'ils détenaient. Le cours de ces parts sur le marché de Toulouse variait selon le rendement des moulins. Une sorte de bourse du commerce ! De nos jours, les moulins produisent de l'électricité pour le compte d'EDF. Plus de gué aujourd'hui : plusieurs ponts enjambent la Garonne.

LE PONT NEUF

C'est, comme son nom ne l'indique pas, le plus ancien. Sa structure particulière, avec des arches inégales, des dégueuloirs, et des crêtes en avant de chaque pile qui fendent l'eau au lieu de s'y opposer, lui permit de résister aux assauts les plus furieux de la rivière. Ainsi, il sortit indemne de l'inondation de 1875, bien que la crue ait atteint le sommet des arches. Les quais sont un lieu de promenade charmant.

LE PORT DE L'EMBOUCHURE

C'est un bassin qui sert de point de jonction entre le canal de Brienne, le canal du Midi et le canal Latéral de la Garonne. Les ponts Jumeaux ont été réunis par un bas-relief en marbre de Carrare. La sculpture représente une allégorie de l'Occitanie et de la Garonne qui apporte l'abondance en irriguant les cultures.

LE CAPITOLE

Hôtel de ville édifié par les *capitouls* au XIIe siècle, plusieurs fois remanié. Les capitouls, élus municipaux, représentaient chacun un quartier de Toulouse et dirigèrent la ville du XIIe siècle à la Révolution. Leur assemblée constituait un contre-pouvoir face à l'autorité comtale et royale. Une rivalité l'opposait en outre au Parlement doté du pouvoir judiciaire. Il s'agissait donc de construire un édifice imposant pour montrer leurs prérogatives. La belle façade rose du XVIIIe est un écran qui cache un ensemble hétéroclite. Un seul vestige subsiste de l'ancien Capitole du XVIe siècle : le donjon rénové par Viollet-le-Duc qui l'a coiffé d'un incongru beffroi de style flamand. La cour intérieure, ou cour Henri IV, arbore un magnifique portail Renaissance, une statue du roi de Navarre sculptée de son vivant et des galeries latérales ornées de fenêtres à meneaux

Saint-Sernin

ciselées. Une dalle commémore l'exécution à la hache, en 1632, du duc de Montmorency, gouverneur du Languedoc, mais ennemi de Richelieu. L'édifice abrite l'hôtel de ville ainsi que le Grand Théâtre. Ses pièces somptueuses se visitent, en particulier la salle des Illustres qui évoque les Toulousains et Languedociens célèbres.
La place du Capitole est cernée par des façades plus récentes que l'on peut admirer depuis la terrasse des cafés. Le plafond de la Galerue, suite d'arcades, relate sur ses caissons l'histoire de Toulouse. Il s'agit de sérigraphies de Moretti.

LA BASILIQUE SAINT-SERNIN

Son nom est une altération de Saturnin. Ce dernier, évêque d'une petite communauté chrétienne au IIIe siècle, passait quotidiennement devant le temple romain, nommé le Capitole (mais rien à voir avec ce qui précède !). Il fut accusé de ruiner l'efficacité des prières destinées aux dieux romains. Mis au pied du mur, il refusa de renier sa foi et de participer à un rituel païen. Il y participa malgré tout puisqu'il fut attaché à la queue du taureau que l'on s'apprêtait à sacrifier. Ce dernier, fouetté, s'élança dans une course effrénée. Un oratoire de bois fut érigé à l'emplacement où le corps martyrisé avait été abandonné, puis devant une première basilique au IVe siècle. En 402, les restes du saint y furent transportés.
L'afflux des pèlerins en route vers Saint-Jacques-de-Compostelle, toujours plus nombreux, conduisit à la construction, dès 1080, de la basilique actuelle. Achevée au XIVe siècle, elle est un joyau d'art roman. Restaurée par Viollet-le-Duc au XIXe siècle, elle a été « dérestaurée ». Elle s'ouvre par des portes superbement ouvragées, la porte Miegville et la porte des Comtes qui mène devant quatre sarcophages de la famille comtale. Sa taille impressionnante (15 m de large, 64 m de long, 21 m de haut) permettait d'accueillir les foules des pèlerins. Cinq chapelles rayonnent autour du chœur. Le transept est orné de splendides fresques romanes. À l'extérieur, prenez le temps d'observer la complexité du chevet et l'élégance du clocher octogonal.

LE MUSÉE SAINT-RAYMOND

Face au portail sud se trouve le musée Saint-Raymond. Édifié au XVIe siècle sur l'emplacement d'un hôpital du XIe destiné aux pèlerins, ce bel édifice mérite d'être admiré. Il abrite le musée des Antiques, consacré à l'art et à l'archéologie de l'Antiquité et du haut Moyen Âge. Dans le sous-sol, des sarcophages de la nécropole paléo-chrétienne ont été mis au jour en 1994. Toute l'histoire antique de Toulouse et de sa région est présente dans les étages à travers une collection de sculptures, de bijoux et d'objets divers (tlj : de 10h à 18h en hiver, 19h l'été, sauf les 01/01, 01/05 et 25/12).

LE MUSÉE DES AUGUSTINS

Ce monastère de facture gothique (XIVe et XVe siècles) est un des rares à avoir été épargné par la Révolution. Sous l'impulsion de Condorcet et de l'abbé Grégoire, il a été transformé en musée dès 1793. Le réfectoire, reconstruit par Viollet-le-Duc, regroupe d'extraordinaires sculptures romanes. Au centre du grand cloître aux magnifiques arcades, on trouve la reconstitution d'un jardin médiéval, pourvu en fruits, fleurs, plantes aromatiques et médicinales. L'ensemble conventuel conserve des œuvres d'art allant du Moyen Âge au XXe siècle. Cependant, l'architecture même des lieux mérite la visite (musée des Beaux Arts de Toulouse, 21, rue de Metz, square Édouard-Privat, 05 61 22 21 82 ; tlj de 10h à 13h, sauf les 01/01, 01/05 et 25/12)

LES JACOBINS

Autre ensemble conventuel construit aux XIIIe et XIVe siècles. Ce chef-d'œuvre est dû à la volonté de l'Église de lutter contre l'hérésie cathare. Fondé en 1215 par saint Dominique, l'ordre des Frères prêcheurs, ordre mendiant, a pour vocation, comme son nom l'indique, de ramener les brebis égarées dans le giron de l'Église grâce à la prédication, à la pauvreté, à l'humilité et à la charité. L'édifice doit son nom au couvent parisien des dominicains, situé rue Saint-Jacques. De 1810 à 1865, ce magnifique monument a servi d'artillerie et même d'écurie à l'armée. Grâce à Prosper Mérimée, inspecteur des monuments historiques, l'armée vida les lieux.

Puis l'ensemble fut utilisé par le lycée voisin, et ce n'est qu'en 1974 qu'il fut rendu aux autorités religieuses. Si l'extérieur est massif, l'intérieur est pourvu d'une grâce aérienne. La voûte du chœur est soutenue par un immense « palmier » ; les colonnes de la double nef élèvent la voûte à 28 m de haut, créant une magnifique caisse de résonance pour la voix des prédicateurs.

LES HÔTELS PARTICULIERS

La manne du pastel, à l'origine de l'appellation pays de cocagne, enrichit de façon époustouflante certains Toulousains qui se font alors construire des hôtels particuliers. Le plus beau est sans conteste l'hôtel d'Assézat. Aujourd'hui occupé par la fondation Bemberg, il reprend l'architecture de la cour carrée du Louvre avec une superposition de colonnes de style dorique, ionique et corinthien. La fondation expose une très belle collection de peintures, en particulier trente-cinq toiles de Bonnard.

LA BELLE PAULE DE VIGUIER

Les belles Toulousaines qui se promènent en ville sont peut-être les descendantes de Paule de Viguier. Surnommée la Belle Paule par François Ier, la jeune femme était, selon la légende, d'une telle beauté qu'il lui fallait paraître régulièrement à son balcon pour apaiser l'exaltation de ses concitoyens. L'amour qu'elle portait à son cousin fut contrarié par ses parents qui lui firent épouser un parti plus avantageux. Son mari mourut subitement, lui laissant à la fois une solide fortune et le champ libre pour retrouver son beau cousin.

LES JEUX FLORAUX

Nom d'une académie distribuant chaque année des prix de poésie sous la forme de fleurs d'or et d'argent, violette, églantine, amarante. Elle fut fondée en 1323 par sept bourgeois, connus comme les sept troubadours qui constituèrent la compagnie du Gai Savoir. Il s'agit de la plus ancienne société littéraire du monde occidental. Le Gai Savoir était l'art de la *fin'amor*, ou l'amour courtois, qui transpose le lien unissant le vassal à son suzerain au domaine de l'amour. L'amant se soumet à la dame de ses pensées.

La Garonne

Montgiscard

Toulouse Montesquieu-Lauragais

Nous sortons de Toulouse aussi simplement que nous y étions entrés : au moyen d'une piste cyclable. Les randonneurs puristes y trouveront sans doute à redire, mais mieux vaut une piste un peu trop policée que pas de piste du tout. Nos premiers kilomètres en compagnie du canal du Midi ont bien du charme avec les innombrables péniches et embarcations diverses amarrées le long des berges. L'ombre est toujours abondante, une aubaine dans ce Midi toulousain souvent torride. En nous écartant de la voie d'eau, nous découvrons des villages qui annoncent, puis pénètrent dans le Lauragais et les terres du pastel. Mais ce pays de cocagne connut aussi ses heures sombres lors de la croisade albigeoise, l'occasion pour nous de réviser notre Histoire…

Cartes utiles

- 2144 O Ramonville-Saint-Agne
- 2144 E Villefranche-de-Lauragais

Renseignements pratiques

Ramonville (31520)

- www.mairie-ramonville.fr
- CH Péniche Soleïado, 11 pl., 60 à 90 €/1 à 2 p., repas 30 €, sur le canal, 06 86 27 83 19, www.peniche-soleiado.com

Donneville (31450)

- HR L'Enclos, 8 ch., 55 à 70 €/1 à 3 p., pdj 7 €, 20 D 813, 05 62 71 74 74, www.restaurant-enclos.com
- CH Au Gré du Temps, 6 pl., 54 à 96 €/1 à 4 p., repas 20 €, 9 rue Fontaine-Chapillonie, 05 61 81 93 32, www.augredutemps.eu

Ayguesvives (31450)

- C municipal des Peupliers, 05 34 66 47 30
- CH La Pradasse, 12 pl. en 5 ch., 79 à105€/1 à 2 p., 39 chemin de Toulouse, 05 61 81 55 96, www.lapradasse.com

✣ MONTESQUIEU-LAURAGAIS
(31450)

- www.mairie-montesquieu-lauragais.fr
- À 2 km de l'écluse de Négra : CH de Bigot, 16 pl. en 5 ch., 50 à 100 €/1 à 4 p., repas 20 €, 05 61 27 02 83, www.hotebigot.chez-alice.fr
- 5 km ap. : CH La Masquière, 13 pl. en 5 ch. (+ 2 roulottes), 72 à 159 €/1 à 4 p., repas 29 €, Gardouch, 06 60 13 18 37, www.lamasquiere.com

00,0 Toulouse. De la place du Capitole, emprunter à gauche du Capitole la rue Lafayette. On débouche place Wilson. Poursuivre par les allées du Président-Roosevelt, puis les allées Jean-Jaurès.

01,3 Carrefour et rencontre avec le canal du Midi, dont on va suivre à droite la rive droite par une piste réservée aux piétons et aux cyclistes.

02,9 Port Saint-Sauveur ou ancien port Saint-Étienne de Toulouse. Continuer rive droite par la promenade du Docteur-Sallet.

03,8 Franchir une passerelle à proximité du port.

04,7 Le canal passe au-dessus de la rocade !

05,2 Les cyclistes ont intérêt à utiliser la passerelle au-dessus du canal pour passer rive gauche. Les marcheurs peuvent continuer indifféremment d'un côté ou de l'autre.

2h10 08,1 **Port sud de Ramonville-Saint-Agne.** Franchir une passerelle en béton, terminée par une descente en tourniquet. Après ce tour de manège, poursuivre rive gauche. Les péniches et autres embarcations s'alignent le long de la berge droite.

12,9 Écluse de Castanet.

3h40 14,6 **Écluse de Vic.** Couper la D 79 qui, à droite, conduit à Castanet-Tolosan.

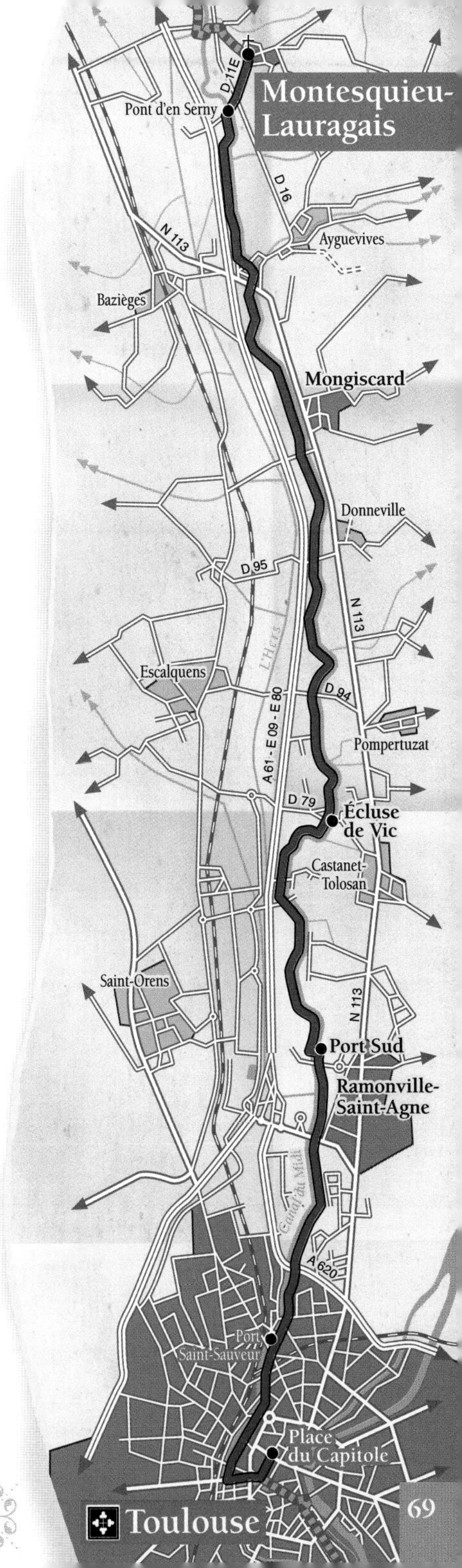

Après 1 km, franchir un petit pont canal. Rester toujours rive gauche.

17,2 Passer sous le pont en brique rose de Deyme et sous la D 94 qui mène à droite à Pompertuzat, après 1 km.

20,2 Pont de brique ; la D 95 conduit à droite à Donneville à 500 m.

5h40 22,4 **Mongiscard.** Passer le pont et l'écluse pour déboucher face au petit port avec un vieux lavoir.

26,0 Écluse d'Ayguevives et pont. Le village est à 500 m sur la rive droite. Poursuivre toujours par la rive gauche. Après 1500 m, le canal atteint l'écluse du Sanglier.

29,5 Pont d'en Serny, composé de briques anciennes. C'est le moment de quitter le canal pour emprunter à droite la D 11ᴱ qui bientôt coupe la D 16. Monter en face vers le village de Montesquieu-Lauragais. En haut de la côte, à la première bifurcation, gagner à droite…

7h45 30,7 **Montesquieu-Lauragais.** Centre et église Saint-Jacques.

Écluse d'Ayguevives

LE CANAL DU MIDI

De Néron à Louis XIV en passant par Charlemagne, Henri IV et François Ier, le désir des gouvernants de relier la Méditerranée à l'Atlantique pour éviter de contourner l'Espagne n'a semblé qu'une utopie. Tous les projets de création d'un canal ont achoppé sur l'approvisionnement en eau au point le plus élevé, le seuil de Naurouze, point de partage des eaux qui se jettent dans la Méditerranée et dans l'Atlantique. Finalement, c'est Pierre-Paul Riquet, un fermier général de Louis XIV sans aucune formation, qui a résolu le casse-tête qui avait fait avorter les précédentes tentatives. Le canal du Midi, anciennement canal royal des Deux-Mers, parcourt les 240 km séparant Toulouse de Sète. Jusqu'à douze mille ouvriers ont été employés simultanément sur ce chantier qui a duré quatorze ans, et pour lequel sept millions de mètres cubes de terre ont été déplacés. Le creusement du canal s'est accompagné de la réalisation de trois cent quatre-vingt-deux ouvrages d'art : aqueducs, tunnels, réservoirs, écluses, ponts-canaux, souterrain-canal… et même le port de Sète. Des dizaines de milliers d'arbres ont été plantés afin de consolider les berges. Toutes sortes de bateaux – gabarres, péniches, voiliers, barques– transitaient par ce canal, transportant sel, blé, vin et autres marchandises. Il exista même une barque de poste chargée du transport de voyageurs. Le trafic fut très actif jusqu'à la moitié du XIXe siècle, mais, concurrencé par le trafic ferroviaire, il déclina à partir de la fin du XIXe. De nos jours, le tourisme fluvial le fait revivre. (Classé au Patrimoine mondial de l'Humanité par l'UNESCO.)

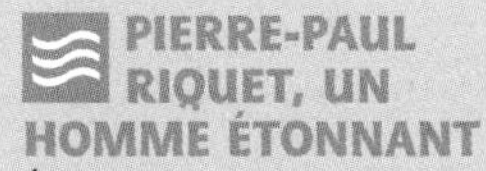

PIERRE-PAUL RIQUET, UN HOMME ÉTONNANT

Étonnant, ce Biterrois l'est à plus d'un titre. Il appartient à une vieille famille noble italienne. Un de ses ancêtres, compromis dans un complot, dut fuir Florence au XIIIe siècle et s'installa en Provence. Une branche de la famille migra dans le Languedoc au XVe siècle.

Le père de Pierre-Paul Riquet est un homme entreprenant et astucieux. Notaire et procureur, son ingéniosité en affaires lui vaut quelques tracas judiciaires. L'éducation qu'il prodigue à son fils est certainement dynamisante ! En effet, Riquet entre à l'administration des Gabelles et devient fermier général du Languedoc. Loin de se contenter de cette place enviable, il édifie une jolie fortune en pourvoyant en vivres et en fourrage les armées du roi en Catalogne. Nommé à Revel, il arpente longuement la Montagne Noire. Ces expéditions lui donnent une connaissance du terrain et de tous les cours d'eau. C'est ainsi qu'il échafaude de réunir les torrents et ruisseaux, selon l'adage qui veut que « les petits ruisseaux font les grandes rivières », pour les acheminer jusqu'à Naurouze afin de surmonter la difficulté d'approvisionnement en eau du canal. Après avoir convaincu Louis XIV et Colbert de la faisabilité du projet, il négocie majestueusement son contrat avec eux. Il offre de participer financièrement à la construction du canal à concurrence de 20 %. En contrepartie, il obtient les droits de péage pour lui et ses descendants, et surtout le rétablissement de ses titres de noblesse et tous les privilèges y afférant. Il devient baron de Bonrepos, un nom bien mal choisi pour un homme aussi actif.

Employeur éclairé, il n'emploie que des ouvriers ayant entre vingt et cinquante ans. Ces derniers sont plus payés qu'ailleurs et sont mensualisés, si bien qu'ils continuent de percevoir un salaire en cas de pluie ou de maladie. En outre, les jours fériés et les dimanches sont payés, et un logement est proposé à chacun moyennant une somme modique.

Ayguevives

Il faudra attendre le XXe siècle pour retrouver des conditions de travail aussi avantageuses. En revanche, les choses ne sont pas aussi roses pour ceux avec qui il est en affaire : maréchaux-ferrants, charretiers, propriétaires de scieries n'ont d'autre choix, sous peine d'amende, que d'accepter de travailler pour lui au prix qu'il impose.

Travailleur acharné, il engloutit sa fortune dans son rêve. Il meurt à Toulouse le 1er octobre 1680, sans voir l'achèvement des travaux. Ses descendants ne finiront de payer les dettes engendrées par la création du canal qu'en 1724.

MONTESQUIEU-LAURAGAIS

Ce village haut perché fit office de place forte au Moyen Âge. Des documents révèlent son existence et son importance stratégique dès 1271. Par la suite, la cité fortifiée appartient aux protestants. Lors de la huitième et dernière guerre de Religion, dite guerre des trois Henri (Henri III, Henri de Navarre et Henri de Guise), la ville est assiégée et incendiée par le duc de Joyeuse, un favori et mignon du roi Henri III. Montesquieu a été rebâtie au début du XVIIe siècle. L'actuelle mairie est installée dans le château Renaissance qui a subi beaucoup de rajouts au XIXe siècle. L'église, élevée en gothique méridional vers 1600, est dédiée à saint Jacques. Rien de surprenant, quand on sait que le village se situe sur le chemin de Compostelle venant d'Arles. Coquille au sol et statue de l'apôtre confirment ce lien, comme la présence éventuelle de pèlerins, autres marcheurs faisant étape dans la cité.

Castelnaudary

Montesquieu-Lauragais Castelnaudary

NE LONGUE ET RICHE étape qui mérite d'être scindée en deux par un arrêt à Avignonet, afin de mieux en profiter. La beauté des paysages et les richesses patrimoniales nous accompagnent tout au long du parcours.
Côté canal, nous passons un cap important ou plutôt un col. Au seuil de Naurouze, nous atteignons l'altitude la plus élevée de notre périple depuis Bordeaux, soit 190 m ! Attention au *soroche*, le mal des montagnes qui frappe sans crier gare, emportez vos piolets et vos cordes de rappel ! Ayant joué les Tartarins, nous n'avons plus qu'à nous laisser glisser tout schuss jusqu'à Castelnaudary. La cité ne manque pas d'attrait avec son vaste bassin, le port le plus important du canal, où il fait bon se reposer après les dures épreuves de la journée.
Le soir venu, on ne coupera sans doute pas au traditionnel cassoulet de Castelnaudary afin de se conformer à l'adage bien connu : « Un coup de barre, un cassoulet, et ça repart ».

Cartes utiles

- 2144 E Villefranche-de-Lauragais
- 2145 E Mazères
- 2245 O Castelnaudary

Renseignements pratiques

VILLEFRANCHE-DE-LAURAGAIS (31290) HC

- OT, pl. De-Gaulle, 05 61 27 20 94, www.otvillefranche31.fr
- HR Auberge de la Pradelle, 7 ch., 45 à 50 €/1 à 3 p., pdj 5 €, 20 pl. Gambetta, 05 62 16 12 95, www.couleur-lauragais.fr/la-pradelle

- HR de France, 14 ch., 35 à 61 €/1 à 2 p., pdj 5 €, repas 15 €, 106 rue de la République, 05 61 81 61 31, www.hotel-de-france-villefranche.com
- HR du Lauragais, 20 ch., 51 à 80 €/1 à 5 p., pdj 7 €, repas 13,30 €, 15 rue de la République, 05 61 27 00 76, www.hoteldulauragais.com

AVIGNONET-LAURAGAIS (31290)

- OT, pl. de la République, 05 61 81 63 67, www.avignonet-lauragais.net
- C municipal Le Radel, 25 empl., 01/04 au 30/09, 06 86 03 54 93
- HR L'Obélisque, 12 ch., 37 à 52 €/1 à 3 p., pdj 5 €, 2 av d'Occitanie, 05 61 27 24 30
- HR La Couchée, 42 ch., 41 à 60 €/1 à 3 p., pdj 5,20 €, Port-Lauragais, 05 61 27 17 12, www.ladinee.com
- À 2,5 km du canal, CH En Jouti, 3 ch., 37 à 57 €/1 à 3 p., 05 61 81 57 35

SEUIL DE NAUROUZE (MONTFERRAND 11320)

- GE CH Le Moulin de Naurouze, 13 pl., uniquement pour groupes 5/6 pers., 101 ch. des Légendes, 04 68 60 19 14/06 22 49 57 15
- CH péniche Kapadokya, 2 ch., 75 €/2 p., repas 25 €, écluse de la Méditerranée à Mas-Sainte-Puelles, 06 86 95 71 36, www.empeniche.com

CASTELNAUDARY (11400)

- OT, pl. de la République, 04 68 23 05 73, www.castelnaudary-tourisme.com
- Gare SNCF, tous services et commerces
- GE L'Étrier du Lauragais, 9 pl. en 5 ch., 14 €/p., pdj 4 €, rte du Mas-Sainte-Puelles, 04 68 23 28 47, www.etrierdulauragais.ffe.com
- HR du Centre, 15 ch., 50 à 100 €/1 à 4 p., pdj 8 €, 31 cours de la République, 04 68 23 25 95, www.hotel-centre-lauragais.com
- HR La Maison du Cassoulet, 9 ch., 45 à 60 €/1 à 4 p., pdj 5 €, 24 cours de la République, 04 68 23 27 23, www.maisonducassoulet.com
- H du Canal, 38 ch., 51 à 99 €/1 à 5 p., pdj 5,50 €, 88 av. Arnaut-Vidal, 04 68 94 05 05, www.hotelducanal.com
- R Le Tirou, 90 av. Mgr-de-Langle, 04 68 94 15 95
- CH Le Grand Bassin, 4 ch., 65 €/2 p., quai Edmond-Combes, 04 68 94 03 77, www.legrandbassin.com
- CH Providence, 3 ch., 50 à 65 €/1 à 2 p., repas 30 €, 19 av F.-Mitterand, 04 68 60 33 05, www.providencebandb.com
- CH La Maison Grimaude, 12 pl. en 4 ch., 60 à 151 €/1 à 4 p., 87 rue Grimaude, 04 68 23 18 73, www.grimaude.fr

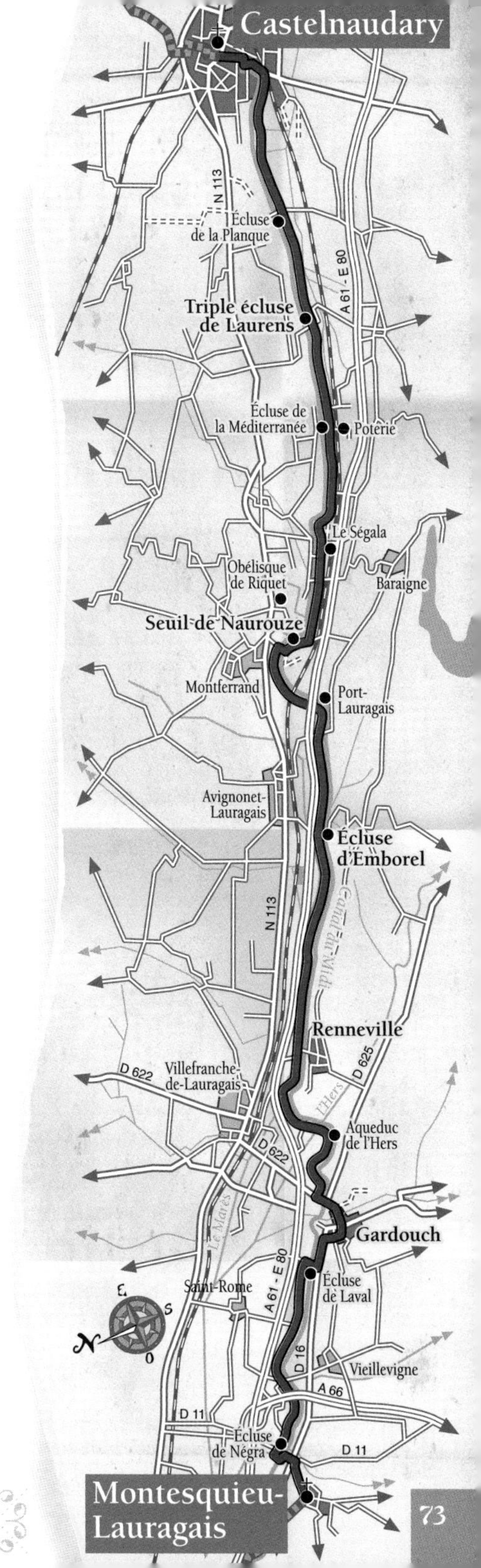

Seuil de Naurouze

00,0 Montesquieu-Lauragais. Du parvis de l'église Saint-Jacques laissé à main droite, revenir au carrefour à l'extrémité nord-est du village. Virer à droite pour emprunter la D 11 en descente. Après 900 m, laisser monter un embranchement à droite.

01,0 Couper la Dl 6, continuer en face sur la D 11, bordée d'habitations. À 200 m, on touche le canal du Midi, au niveau de l'écluse de Négra, flanquée d'une petite chapelle. Contourner les habitations de la rive gauche avant d'emprunter le chemin de halage à droite au sud-est sur cette même rive.

02,5 La piste passe sous l'autoroute A 66 vers Foix et l'Andorre.

05,6 Écluse de Laval. Continuer rive gauche ou bien, pour gagner Gardouch, emprunter à droite la route qui franchit le canal. On bute alors sur la D 16 que l'on va suivre à gauche jusqu'à…

1h40 06,8 Gardouch, centre. Belle église en contre-haut du village. Plus prosaïquement, Gardouch compte un restaurant et un petit supermarché. (Si on poursuit sur le canal, après 1 km, on franchit un pont canal ; le village de Gardouch se déploie sur notre droite.)

06,8 Du carrefour central de Gardouch, emprunter la D 622 vers Villefranche-de-Lauragais (trottoirs jusqu'à la sortie du village) pour rejoindre le canal…

07,5 Écluse de Gardouch. Après le pont, virer à droite pour reprendre le chemin sur la rive gauche, vers le sud-est.

09,5 Aqueduc de l'Hers.
Juste après, le canal est bordé à gauche par un producteur de violettes de Toulouse qui fait aussi gîte et chambre d'hôtes. Une piste cyclable s'écarte à gauche du canal pour rejoindre Villanche-de-Lauragais à 2,5 km. On trouve également l'aire de repos autoroutière de Renneville avec laquelle notre chemin communique et dont le seul intérêt est l'accès aux toilettes !

2h45 11,6 Écluse de Renneville. Le village se situe à 300 mètres à droite.

14,7 Double écluse d'Encassan.

16,2 Écluse d'En Borel. En empruntant la route à gauche, on rejoint Avignonet-Lauragais, après 1,2 km de parcours paisible. En partant à droite, on découvre un camping après 300 m sur la rive droite du canal.

18,4 Pont de la petite route qui vient à gauche d'Avignonet (1,5 km) et conduit à droite à Port-Lauragais (pour ceux qui auront visité Avignonet, c'est ici qu'il faut rejoindre le canal). Laisser à droite Port-Lauragais. Le chemin vire à gauche, puis…

19,3 Nous passons avec le canal sous l'autoroute A 61. Des gravières aux eaux turquoise bordent à gauche notre piste, en contre-haut se dresse le village médiéval de Montferrand.

20,9 Écluse de l'Océan. Attention ! Passer avec le pont sur la rive droite.

5h20 21,5 Seuil de Naurouze ou bief de partage des eaux. À compter d'ici, nous allons descendre tout schuss… 190 m ! jusqu'à la Méditerranée.

23,3 Le Ségala. Avec pont, port, chapelle et restaurant. Poursuivre sur la rive droite.

26,4 Écluse de la Méditerranée, la première de la « descente » est bordée à droite par une fabrique de poteries datant de 1920. À 900 m, on rencontre l'écluse de Roc.

7h10 28,5 Triple écluse de Laurens. Puis écluse de la Domergue.

31,0 Écluse de la Planque. À droite de cette celle-ci s'étend un très beau parc. Depuis le seuil de Naurouze, nous marchons à l'ombre d'arbres somptueux, le plus souvent des platanes. Désormais, nous longeons la rive droite par une petite route.

Seuil de Naurouze

34,1 Castelnaudary, panneau d'entrée. Après 600 m, à la caserne des pompiers, franchir le pont et remonter à gauche le cours de la République.

8h45 35,0 Castelnaudary. Place de la République.

AVIGNONET

La cité domine la vallée de l'Hers. Aujourd'hui paisible village de briques roses, il fut le théâtre d'une tragédie lors de la croisade albigeoise. À l'emplacement de l'actuelle et imposante église paroissiale, construite au XVe siècle dans le style gothique méridional, se dressait au XIIIe siècle le château de Gaulch qui appartenait au comte de Toulouse et dont la garde avait été confiée au *bayle* Raimon d'Alfaro. En mai 1242, les deux inquisiteurs, frère Arnaud-Guilhèm de Montpellier et frère Étienne de Saint-Tibéry, s'installent dans le château pour constituer un tribunal avec onze juges venus de Toulouse. Le pape Grégoire IX, qui avait imposé une trêve dans la lutte contre le catharisme, vient juste de mourir. L'Inquisition reprend avec plus d'intolérance encore. Le cathare Pierre de Mirepoix, chef de Monségur, fait irruption dans le château de Gaulch avec cinquante de ses hommes dans la nuit de l'Ascension du 28 au 29 mai 1242. Les inquisiteurs sont massacrés dans leurs chambres. Ce carnage réjouit les partisans du catharisme à travers toute la région et marque le début d'un soulèvement général du Languedoc contre le roi de France, Saint-Louis, qui depuis 1209 et surtout 1229 annexait le comté de Toulouse au domaine royal. En 1229, le comte Raimon VII voit ses états amputés et sa fille Jeanne est dans l'obligation d'épouser un frère de Saint-Louis. Pour se libérer, il met sur pied une vaste coalition avec les comtes de Foix, de Comminges, de la Marche, les rois d'Angleterre et d'Aragon. L'insurrection générale éclate en juin 1242, mais bientôt les défaites s'accumulent. Le comte de Foix fait défection et Raimon VII, vaincu, doit signer la paix de Lorris (1243). L'église catholique et Saint-Louis décident de s'emparer de Montségur pour abattre définitivement la capitale spirituelle du catharisme. Le siège commence au printemps 1243 et le bûcher final a lieu le 16 mars 1244.

LES TRACES MÉDIÉVALES D'AVIGNONET

Le château où le massacre des inquisiteurs a été perpétré a disparu.

En revanche, la porte de Cers, au pied du village, a conservé une tour et devant elle un chevalier croisé en armes, le regard tourné vers le sud, scrutant l'horizon d'où vont surgir ceux de Montségur. L'église, commencée vers 1385, a dû être financée par les richesses tirées du pastel. Gigantesque par ses dimensions, elle est l'emblème religieux de la reconquête catholique dans ce Lauragais qui fut acquis à la cause cathare. Le style est gothique méridional, avec une nef immense, pas de transept, des chapelles latérales entre les piliers soutenant la voûte de la nef. Les fenêtres qui s'ouvrent à une grande hauteur au-dessus du sol sont un signe de légère fortification. La voûte sur croisée d'ogives est particulièrement aérienne.

LE PASTEL

Le pastel fut largement cultivé autour d'Avignonet créant une grande prospérité dans tout le pays. C'est une plante mythique qui a donné l'expression « pays de cocagne ». Les cocagnes sont des boules de feuilles écrasées et séchées. C'est dans les feuilles que se localise le principe chimique permettant de teindre en bleu les tissus de laine. La culture nécessite la cueillette des feuilles à la main, leur écrasement au moulin pastelier, puis une longue préparation de l'agranat qui sert aux teinturiers. Le pastel du Lauragais a teinté de bleu toutes les cours d'Europe. Des fortunes colossales s'édifièrent sur le commerce de l'agranat permettant la construction à Toulouse des hôtels d'Assézat et de Bernuy. À partir de 1560, le pastel est concurrencé par l'indigo venu des Antilles. S'il est certain qu'Avignonet fut un centre important de production et de commerce, il n'en reste aujourd'hui aucune trace, pas même des moulins pasteliers.

Avignonet-Lauragais

MONTFERRAND (HORS CHEMIN)

Ce village constituait déjà un oppidum contrôlant la voie de communication de l'entre deux mers dans l'Antiquité romaine. De cette époque, subsistent des thermes gallo-romains et les restes d'une église paléochrétienne du IVe siècle correspondant aux débuts du christianisme en Lauragais. L'édifice, transformé en cimetière, abrite aujourd'hui une quarantaine de sarcophages wisigoths des VIe et VIIe siècles. L'église Saint-Pierre-d'Alzonne est romane, à l'exception du clocher. L'intérieur abrite une belle collection de stèles discoïdales. La colline laisse apparaître des murailles de soutènement du château disparu, défendu par Beaudoin contre Simon de Montfort. Plus proche de nous, le phare nous évoque l'aventure de l'Aéropostale, illustrée par Mermoz, Saint-Exupéry, qui débutaient depuis Toulouse leurs périples vers Barcelone, le Maroc, le Sénégal, le Brésil et le Chili...

PORT LAURAGAIS

Coincé entre le canal et l'autoroute avec ses parkings et ses cafétérias, ce lieu risque fort de décevoir le marcheur. Il faut pourtant mentionner son intéressante exposition permanente consacrée à l'histoire du canal et à son fondateur P.-P. Riquet.

LE SEUIL DE NAUROUZE

C'est le point le plus haut (190 m d'altitude) de notre périple, où les eaux hésitent à couler vers un versant, l'Océan, ou vers l'autre, la Méditerranée. Riquet fut le premier à déterminer ce lieu avec précision. Découverte géniale pour l'époque, étant donné le peu de moyens techniques dont il disposait pour établir ses calculs.

Une belle légende court à ce propos racontant que Riquet vit une feuille d'arbre tournoyer sur elle-même, hésitant à s'engager sur le versant atlantique ou méditerranéen. La limite de partage des eaux fut fixée là où elle toucha le sol. Il fallut ensuite songer à stocker les eaux pour alimenter les deux versants du canal. La Montagne Noire, toute proche et bien arrosée par les pluies, fournissait un apport initial idéal. Les eaux étaient tout d'abord recueillies dans la retenue de Saint-Ferréol, puis amenées par une rigole jusqu'au site de Naurouze. Là, un bassin de forme octogonale fut creusé, constituant un réservoir destiné à contrôler le débit du Canal. La sortie à l'ouest par l'écluse de l'Océan constituait le départ vers Toulouse, la sortie est par l'écluse de la Méditerranée vers Béziers. Au même endroit, Riquet avait prédit que les eaux de la rigole pourraient faire fonctionner un moulin. Celui-ci a réellement fonctionné, il est d'ailleurs toujours là. En revanche, le bassin s'est vite ensablé car les eaux étaient très chargées en limon. Quelques années plus tard, il fallut le supprimer et fermer la sortie vers Toulouse. Un nouveau canal fut creusé par Vauban pour acheminer les péniches de la sortie est à l'ancien tracé en direction de Toulouse.

Des platanes ont été plantés au travers de l'ancien bassin octogonal, formant aujourd'hui une majestueuse allée. Non loin de là a été érigé un obélisque à la gloire du créateur du canal, Pierre-Paul Riquet.

FACE À L'ÉCLUSE DE LA MÉDITERRANÉE

Les frères Not sont des potiers bien connus dans tout le Midi de la France, avec des procédés de fabrication demeurés très traditionnels. C'est chez eux que sont notamment réalisées les fameuses *cassoles* en terre cuite servant à faire mijoter dans le four le cassoulet (et dont le mot est d'ailleurs issu).

CASTELNAUDARY

Capitale historique du Lauragais jusqu'en 1790 et carrefour commercial par où transite le pastel. On a une vue globale sur toute la ville depuis le « grand bassin » qui était un réservoir, mais aussi le principal port du Lauragais sur le canal de Riquet. De là, le blé, l'orge, le maïs et l'avoine de la Piège, qui avaient pris le relais du pastel, étaient acheminés sur des barges vers Narbonne et Béziers. À l'extrémité est du bassin, on rencontre les quatre écluses de Saint-Roch. L'ensemble avait impressionné Thomas Jefferson, troisième président des États-Unis et rédacteur de la Constitution américaine, qui était venu étudier le canal du Midi en vue réaliser un ouvrage similaire pour relier le Potomac au lac Érié. Il avait même comparé les écluses de Saint-Roch aux jardins de Versailles !

Castelnaudary est dominée par la collégiale Saint-Michel, de style gothique méridional, et par le Présidial, construit sur ordre de la comtesse du Lauragais, Catherine de Médicis, également reine de France. L'édifice bâti à l'emplacement de l'ancien château féodal fut longtemps appelé le castellum. Sa façade est Rennaissance.

On ne saurait évoquer Castelnaudary sans rappeler que la ville est LA capitale mondiale du cassoulet.

CASSOULET

Le cassoulet est une spécialité régionale du Sud-Ouest de la France, à base de haricots secs et de viande. On dit qu'il est le dieu de la cuisine occitane. Un dieu à l'image de la Trinité, avec Dieu le père qui est le cassoulet de Castelnaudary, Dieu le fils qui est celui de Carcassonne, et le Saint-Esprit qui est celui de Toulouse. Cette trinité culinaire est à la source de bien des rivalités entre les trois villes, comme vous pouvez l'imaginer.

Quant à l'origine de la recette de Castelnaudary, elle remonterait, selon la légende, à la guerre de Cent Ans, alors que la ville était assiégée par l'armée anglaise. On raconte que pour donner du cœur au ventre aux assiégés avant de les envoyer combattre, le prévôt de la ville voulut les rassasier d'un bon repas, composé de toutes les victuailles que les habitants pourraient apporter. Il restait, dans les magasins, des haricots en quantité, des viandes diverses : porc frais et salé, mouton, oies, saucissons… Tous ces ingrédients permirent de confectionner un gigantesque *estouffat*. Ainsi naquit le *cassolet*, dont le terme viendrait du plat en terre (la cassole) utilisé pour la cuisson. Le plat, abondamment servi aux assiégés et copieusement arrosé de divers vins du cru, permit une victoire éclatante sur les Anglais qui s'enfuirent, épouvantés, jusqu'aux côtes de la Manche.

Bram

Castelnaudary Bram

OUS AURIONS PU continuer en suivant le canal, et d'ailleurs rien ne vous interdit de le faire, c'est facile et tout droit. Mais nous avons préféré vous pousser à faire l'école buissonnière avec le désir d'arpenter les collines et de partir nez au vent. Alors nous voilà partis, il suffit aujourd'hui d'être un peu attentif au topo, car nous nous attaquons au hors-piste, pardon au hors-canal. Ce détour n'est pas inutile, puisqu'il va nous faire découvrir l'abbaye de Saint-Papoul et le village médiéval du même nom. En chemin, nous allons réviser notre géographie en admirant à l'est la Montagne Noire et au sud-ouest la chaîne des Pyrénées. S'il nous reste un peu de temps, nous pouvons pousser jusqu'à Bram, une authentique circulade de l'an mil. Pour terminer, nous retournons au canal pour passer la nuit dans une chambre d'hôtes aménagée dans des anciens magasins bâtis au XVIIIe siècle.

Cartes utiles

- 2245 O Castelnaudary
- 2245 E Bram

Renseignements pratiques

VILLEPINTE (11150)

- www.ville-villepinte.fr
- HR Aux Deux Acacias, 7 ch., 50 à 80 €/1 à 5 p., pdj 6,50 €, 23 D 6113, 04 68 94 24 67, www.les-deux-acacias.com

SAUZENS (11170)

- CH Renée-Paule, 3 ch., 75 €/2 p., le Presbytère, 04 68 71 63 84, www.canal-du-midi-port-sauzens.gites11.com
- 8 km ap. : CH Château de la Prade, 4 ch., 80 à 115 €/2 p., repas 26 €, 04 68 78 03 99, www.chateaulaprade.eu

BRAM (11150)

- www.villedebram.fr
- HR Le Clos Saint-Loup, 12 ch., 50 à 60 €/1 à 4 p., pdj 6 €, 69 av. du Razès, 04 68 76 11 91
- Ferme Auberge du Pigné, 8 pl. en 3 ch., 57 à 80 €/2 à 3 p., ½ p 49 €/p., 04 68 76 10 25, www.ferme-auberge-du-pigne.com
- CH Domaine des Magasins, 4 ch., 85 à 100 €/2 p., Port de Bram, 04 68 79 49 18, www.domainelesmagasins.fr
- HR Chez Alain/Auberge Montplaisir, 11 ch., 35 à 50 €/1 à 3 p., pdj 5,50 €, Montplaisir (D 6113), 04 68 76 12 75

00,0 Castelnaudary. De la place de la République, partir de l'angle de la rue du 43e-RI afin de couper la rue du 11-Novembre et remonter la rue Gambetta. Traverser la place de Verdun en diagonale en tirant vers la droite afin de s'engager à droite dans la Grande rue, en sens interdit.

00,4 Avant la rue Pasteur, virer à gauche par la rue Mauléon. Passer en contrebas des fortifications et laisser à gauche la ruelle vers le moulin de Cugarel. Laisser à droite la rue des Potiers, descendre en face le chemin des Protestants.

00,9 Bifurcation : obliquer à droite pour passer au-dessus d'une voie ferrée. Passer ensuite sous la rocade de Castelnaudary.

01,3 Carrefour en T : prendre à droite vers Castel Casse, une casse auto ! qu'on laisse à gauche. Montée par une route aussi étroite que peu fréquentée. Ignorer les chemins annexes.

02,7 Carrefour (station de pompage de Castelnaudary) : monter la D 228 à droite. Au point haut après 400 m, s'engager à gauche, près du Collège. La petite route de crête se poursuit après la belle propriété. Belle vue à gauche sur la Montagne Noire, à droite sur la plaine de Carcassonne et la chaîne pyrénéenne par grand beau temps. Passé Saint-Barthélemy…

04,9 Une route nous arrive par la droite : poursuivre tout droit par la ferme de

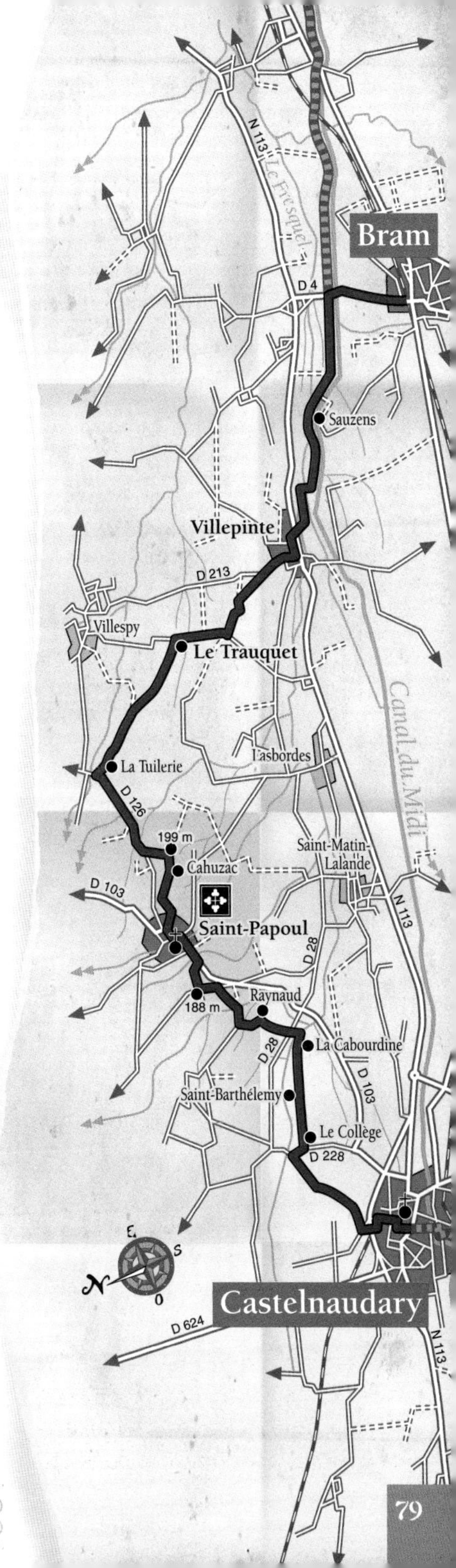

Laurion. Au niveau de la Cabourdine, continuer par un chemin caillouteux, en descente. Il vire à gauche, franchit un gué, et remonte pour couper la D 28 (149 m). Poursuivre la montée en face.

06,9 Bifurcation : laisser la ferme Raynaud à droite, emprunter le chemin pierreux à gauche. Longer la ferme Saint-Marc, descente à l'ombre des pins. Après 500 m, nouvelle bifurcation : descendre à droite. On franchit un ruisseau au point bas, puis montée...

08,2 Au point haut, carrefour avec calvaire : bifurquer à gauche vers Daubin. Après 400 m, dans le hameau, à l'angle d'une habitation (cote 188 m), s'engager à droite sur un chemin herbeux, il tire à droite près des tennis et débouche sur...

09,0 La D 103, à emprunter à gauche vers Saint-Papoul.

2h30 10,0 **Abbaye de Saint-Papoul** et centre du village. Pour repartir du village, revenir sur ses pas sur moins de 100 m. Prendre à gauche la rue d'Hautpoul

Abbaye de Saint-Papoul

(D 103). Juste après la mairie, virer à droite, passer devant l'école avant d'attaquer une côte assez raide entre les habitations.

10,7 Laisser à droite un chemin pierreux. Poursuivre en face par la route de crête qui dessert des maisons isolées, dont la propriété Cahuzac et son étrange clocheton.

11,4 Juste après, descendre à gauche (cote 199 m) un chemin caillouteux. Au point bas, on débouche sur la D 126 à suivre à droite (≈ est). Ignorer tous les embranchements dans la descente et ensuite...

13,6 Juste avant le point haut, quitter la D 126 pour emprunter à droite la piste goudronnée vers la Tuilerie. Aller tout droit (≈ S.-S.-E.) en ignorant les chemins annexes.

4h10 16,5 **Carrefour à la ferme le Trauquet,** entourée de cyprès : virer à droite. Laisser à gauche le chemin vers Garric.

17,5 Point haut et carrefour : descendre à gauche une piste gravillonnée. Après un virage à gauche, à la bifurcation, descendre à droite une piste (on vise un château d'eau).

19,0 On débouche sur la D 213, à descendre à droite vers le village de...

5h00 19,6 **Villepinte.** Au premier stop (à la pharmacie et avant la N 113) : emprunter à gauche la rue Victor-Hugo, puis le boulevard Gambetta. Après 520 m, on bute sur la N 113. La couper en tirant un peu à gauche afin de prendre en face le chemin goudronné vers l'écluse.

21,1 Canal du Midi, écluse de Villepinte. Nous allons suivre à gauche la rive gauche rythmée par les écluses de Sauzens et de Bram. Après cette dernière, il reste encore 620 m pour parvenir qu'au...

6h15 24,6 **Pont et petit port de Bram.** On y trouve restaurant et chambres d'hôtes (la Prade,1 km avant). Le village de Bram, distant de 1,5 km, est accessible en prenant à droite (sud) la D 4.

CHEMIN FAISANT VERS L'ABBAYE DE SAINT-PAPOUL

Si nous faussons compagnie au canal aujourd'hui, c'est afin de prendre de la hauteur. Sans doute verrons-nous à l'est la Montagne Noire et, peut-être, la chaîne pyrénéenne au sud-ouest, si le temps est clair. Nous parcourrons des vallons couverts de blé ou de colza en suivant des petites routes polissonnes qui préfèrent les détours plutôt que la ligne droite.

L'abbaye de Saint-Papoul est très ancienne, sa fondation remonte au VIIIe siècle. Son histoire s'inscrit dans l'origine de son nom. Papoul, avec saint Sernin (ou Saturnin), sont les deux hommes qui diffusent le christianisme dans le Lauragais durant la première moitié du IIIe siècle après J.-C. Saturnin fut martyrisé en l'an 250. Quant à saint Papoul, on rapporte qu'il a subi un sort analogue à 3 km du village actuel, au lieu-dit de l'Hermitage, dans le vallon des Arnouls. Un ermitage a été élevé à cet endroit.

Au Moyen Âge, la vie spirituelle de l'abbaye est régie par la règle bénédictine. Le moine toulousain saint Béranger, connu pour son ascétisme, y passe une partie de sa vie et y meurt. Le monastère devient un lieu de pèlerinage et prospère. En 1317, Saint-Papoul devient ainsi le siège de l'évêché du Lauragais et son église, une cathédrale.

L'église de Saint-Papoul, de style roman, a été remaniée par la suite, avec notamment un cloître construit au XIVe siècle. La partie la plus intéressante du sanctuaire demeure son chevet semi-circulaire où l'on peut admirer les chapiteaux du maître de Cabestany. Ce sculpteur très renommé a travaillé autour des années 1180-1200 en Italie, en Espagne et à Cabestany (Pyrénées-Orientales). Son travail se reconnaît tout de suite par la facture de ses personnages trapus, exhibant des yeux ovales et globuleux. Le nez est tranchant, le menton peu prononcé, les oreilles larges et décollées, les doigts des mains sont démesurément allongés. Les animaux présentent des caractères similaires. Des êtres hybrides sont parfois représentés, tels des hommes au masque léonin. Des quatre chapiteaux du chevet de l'église abbatiale, deux seulement sont historiés, les autres ayant reçu un simple décor de feuilles d'acanthes. Sur la corbeille du premier, Daniel dans la fosse est entouré de sept lions qui se contentent de le lécher, et reçoit sa nourriture du prophète Habacuc qu'il tire par la barbe. Le châtiment des Babyloniens qui avaient contraint le roi Cyrus à condamner Daniel est suggéré sur le second chapiteau par cinq personnages dévorés par des lions aux dents aiguës.

Le cloître, avec ses quatre galeries, forme un polygone irrégulier avec des arcades plein cintre retombant sur des colonnettes jumelées par des couples de chapiteaux. Ces derniers sont ornés de motifs à feuillages ou d'animavux monstrueux émanant du catalogue du gothique fantastique. Une galerie abrite plusieurs enfeux gothiques.

Le village de Saint-Papoul garde plusieurs vestiges de la période médiévale. Le tracé des remparts établi au XIVe siècle est en grande partie conservé et trois portes d'accès à la cité subsistent. Les ruelles sont bordées d'habitations à colombages. On peut citer la maison Lacapelle, édifiée en 1610 et qui servit d'hôpital. La mairie, édifice beaucoup plus récent (1804), abrite une halle qui fait office de marché couvert.

RETOUR VERS LE CANAL PAR LES COTEAUX

Les abords du village de Labordes furent le théâtre d'une bataille célèbre de la croisade contre les cathares. L'initiative en revient aux comtes de Toulouse et de Foix qui mènent, en 1211, une offensive contre les croisés dont le chef, Simon de Montfort, est emprisonné dans le castrum de Castelnaudary. Les croisés reçoivent des renforts venus de Narbonne avec un convoi de vivres. Mais les Occitans et le comte de Foix attaquent le convoi, le pillent et s'octroient un festin en oubliant de prendre garde. Les hommes de Simon de Montfort en profitent pour délivrer leur chef du château, puis taillent en pièces les ripailleurs.

VILLEPINTE

Le village existait déjà à l'époque romaine puisque l'église paroissiale Saint-Jean-Baptiste a été édifiée sur l'emplacement d'un temple dédié à Diane dans l'Antiquité. Le premier sanctuaire chrétien, bâti au VIIe siècle, fut détruit par les Sarrasins. On reconstruisit un second édifice, puis un troisième au XIIe siècle (l'église actuelle), qui subit encore des destructions et des rajouts au fil du temps, du fait des guerres, des croisades albigeoises et des guerres de Religion. La région ne fut décidément pas de tout repos !

PORT DE BRAM

Il connut un intense trafic aux XVIIIe et XIXe siècles avec le domaine dit les Magasins. Les terres alentour, possédées depuis 1650 environ par la famille des seigneurs de Bram, les de Lordat, formaient un domaine de 39 ha exploité par un métayer et bordé depuis 1681 par le canal royal des Deux-Mers. En 1766, Louise-Marguerite Colbert de Seignelay, veuve de Joseph-Marie de Lordat, eut l'idée de profiter du trafic de marchandises, transitant quotidiennement par la voie d'eau, au lieu-dit Port de Bram. Elle donna en bail à Antoine Barascou, un négociant de Castelnaudary, une

large parcelle de terre ; à charge pour lui d'y faire construire « un magasin pour entreposer, avant leur transfert sur les barges du canal du Midi : blé, bois, fer et autres marchandises. Ce magasin comprenait aussi un logement pour un ou plusieurs commis, une cour, une écurie et généralement tout ce qui sera nécessaire à l'exploitation et usage des dits magasins ». Les travaux débutèrent, mais Antoine Barascou fut incapable de les mener à bien. Après un long procès, le comte François de Lordat récupéra le terrain et acheva la construction des bâtiments en 1785 selon un plan redéfini. Jusqu'à la seconde moitié du XXe siècle, ce corps de bâtiments ne connut que peu de modifications. Menaçant ruine, l'ensemble a finalement été rénové pour être utilisé à des fins touristiques (restaurant, chambres d'hôtes).

En chemin vers Bram, on remarquera un superbe pigeonnier sur quatre piliers, lourd, massif, avec un dispositif bien apparent de lutte contre les rongeurs.

BRAM

Le village est une *circulade*, construit autour de l'église centrale. Le mot circulade désigne un village circulaire apparu dès l'an mil, surtout dans le Languedoc-Roussillon. Le cercle est à la base de l'organisation du système parcellaire dont le centre est généralement occupé à l'origine par le château ou l'église. Les habitations disposées en anneaux successifs autour de ce noyau urbain et jointes les unes aux autres jouaient leur rôle d'enceinte. Tout laisse à penser que cette disposition circulaire ait été choisie à des fins défensives, parce que l'absence d'angle mort offrait une valeur stratégique et que la disposition resserrée permettait de mieux se protéger en cas d'attaque. Ce système de défense artificiel précède de deux siècles l'édification des bastides qui étaient établies suivant un plan rectangulaire ou carré.

Bien avant de devenir une circulade, Bram existait déjà pendant l'occupation romaine sous le nom d'Eburamagus ; c'est une des plus anciennes agglomérations de la région. Bram était un vicus, un marché, où arrivaient les vins d'Italie et où s'échangeaient les grains du Lauragais, le bois et le fer de la Montagne Noire. Le village comprenait un théâtre. Les fouilles ont permis de découvrir des fours de potiers et le tracé de la grande voie romaine qui reliait le littoral méditerranéen à l'Aquitaine.

Vers Villepinte

Carcassonne

Bram
Carcassonne

OICI UNE ÉTAPE jamais monotone, jalonnée de villages parfois vieux de deux mille ans et d'ouvrages qui confirment l'ingéniosité de Pierre-Paul Riquet. Les amoureux d'Histoire constateront que les lieux sont chargés et riches en péripéties. Le canal s'ouvre un passage à travers les collines, c'est pourquoi il épouse leurs flancs en multipliant des zigzags qui nous ravissent, car les marcheurs ont les lignes droites en aversion. Au terme des 24 km, la journée ne fait que commencer avec la visite de Carcassonne. Nous troquons noscasquettes de marcheurs pour celles de touristes. À l'instar du Mont-Saint-Michel ou de la butte Montmartre, il y a un plaisir toujours renouvelé à arpenter encore une fois la vieille cité restaurée par Viollet-le-Duc. Pour y parvenir depuis le canal, il faut traverser la bastide Saint-Jean qui mérite que l'on s'y attarde. Encore une longue journée en perspective ! Décidément, la vie du marcheur au long cours n'est pas une sinécure !

Carcassonne

CARTES UTILES

2245 E Bram

2345 O Alzonne

RENSEIGNEMENTS PRATIQUES

PÉZENS (11170) HC

- R Le Réverbère, La Madeleine D 6113, 04 68 24 92 53
- H L'Albizia, 5 ch., 49 à 69 €/2 à 6 p., pdj 4 €, 14 av Kennedy, 04 68 24 79 32
- GE Le Peyrou, 11 pl. en 2 ch., 18 €/p., pdj 5 €, repas 15 €, 1 rue François-Villon, 04 68 24 93 28, www.pezens.fr/LE-PEYROU
- CH, 5 pl., 54 à 127 €/2 à 5 p., repas 20 €, 11 rue Paul-Claudel, 04 68 76 93 90, www.chpezens.monsite-orange.fr
- CH Boudet, 10 pl. en 3 ch., 90 à 130 €/2 à 4 p., 1 rue Jean-Jaurès, 06 63 80 68 55, www.domaineboudet.fr

CARCASSONNE (11000)

- OT, 28 rue de Verdun, 04 68 10 24 30, www.carcassonne-tourisme.com
- CDT, 04 68 11 66 00, www.audetourisme.com
- Gares SNCF et routière, tous commerces et services
- AJ Cité, 120 pl., 22 €/p., pdj compris, rue du Vicomte-de-Trencavel, 04 68 25 23 16, www.fuaj.org/Carcassonne
- H Astoria, 23 ch., 35 à 99 €/1 à 5 p., pdj 8 €, 18 rue Tourtel, 04 68 25 31 38, www.astoriacarcassonne.com
- H Central, 21 ch., 39 à 93 €/1 à 4 p., pdj 8 €, 27 bd. Jean-Jaurès, 04 68 25 03 84
- H Bastide, 40 à 85 €/1 à 4 p., pdj 6 €, www.hotel-bastide.fr
- CH Notre-Dame de l'Abbaye, 160 pl., 59 à 79 €/1 à 4 p., pdj 5 €, repas 15 €, 103 rue Trivalle, 04 68 25 16 65, www.abbaye-carcassonne.com
- CH Péniche Mirage, 106 €/2 p., 28 rue du Canal, 06 16 46 28 67, www.mirage-hotes.fr

00,0 Pont et petit port de Bram. Départ par la rive gauche sur une large piste gravillonnée, ombragée par une belle allée de platanes.

02,9 Passer l'aqueduc de Rebenty. À 1 km, nous franchissons le pont

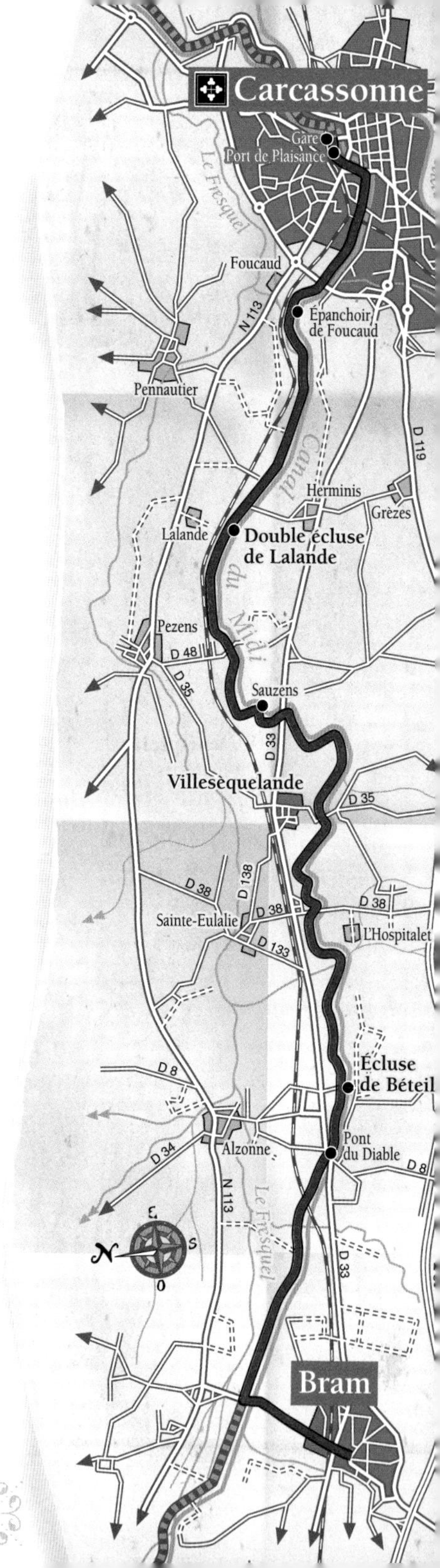

du Diable, l'ancienne voie romaine d'Aquitaine, devenue la D 33.
Pour rejoindre le village d'Alzonne, distant de 2 km : quitter le canal et emprunter à gauche la D 33, vers l'est. À moins de 100 m, virer à gauche pour suivre le chemin de Conques. Après 1100 m, il débouche sur la D 8, à suivre à gauche (≈ nord). Le centre d'Alzonne est à 800 m. On peut revenir sur le canal en utilisant la D 8, puis à gauche la D 34 en direction de l'écluse de Béteille, soit au total 2,2 km.

1h15 05,0 **Écluse de Béteille.** À côté de l'ouvrage, sur la rive gauche, se dresse l'Auberge, autrefois une halte pour les voyageurs de la barque de poste. Poursuivre par la rive gauche.

07,0 Franchir l'aqueduc de l'Hospitalet ; le canal accomplit une boucle en virant au nord. À 1 km, passer sous le pont de Sainte-Eulalie. (Le village du même nom est accessible depuis la rive gauche par la D 38, après 1 km.)

2h30 09,9 **Villesèquelande,** pont. (Pour visiter le village distant de moins de 500 m, il suffit d'emprunter à gauche la D 35.) Poursuivre toujours par la rive gauche.

12,5 Écluse de Villesèque, précédée d'un épanchoir. Nouvel ouvrage 1 km plus loin avec l'aqueduc de Sauzens. Le village épouse un méandre du canal sur sa rive droite.

15,0 Pont de la D 48. (En empruntant cette route à gauche, plein nord, durant 1,8 km, on atteint le village médiéval de Pezens.)

4h15 17,2 **Double écluse de Lalande.** Après 270 m, on rencontre l'écluse d'Herminis.

18,8 Écluse de la Douce.

20,5 Épanchoir de Foucaud. Le canal approche de Carcassonne en se frayant un passage à travers la colline d'Estagnol ; rester sur la rive gauche jusqu'au...

22,8 Pont métallique de la voie ferrée à l'entrée de Carcassonne. Quitter le chemin de halage pour suivre l'avenue Pierre-Sémard, parallèle au canal. Après 600 m, couper l'allée d'Iéna, continuer en face en sens interdit (les cyclistes peuvent franchir le pont d'Iéna et emprunter rive droite l'avenue Pierre-Charles Lespinasse).
À 300 m, couper l'avenue Franklin-Roosevelt au niveau du pont de la Liberté. Descendre en face vers...

6h00 24,0 **Carcassonne,** port de Plaisance et gare SNCF.

LE DÉCOR, CHEMIN FAISANT

Au départ de Bram, les vastes champs qui nous entourent sont toujours plantés de blé, de tournesols ou encore de colza. Peu à peu, la vigne va apparaître, elle nous assiégera complètement à l'approche de Carcassonne. À partir de là, les mers de vignoble accompagneront notre marche jusqu'au rivage de la Méditerranée.

ÉCLUSE DE BÉTEILLE, LIEU D'ÉTAPE POUR LA BARQUE DE POSTE

Établie dès l'origine sur le canal entre Toulouse et Agde, la barque assurait un service postal autant que le transport de passagers. Le voyage complet prenait quatre jours dans une sécurité et un confort bien supérieur à celui du trajet accompli par la route dans une diligence. Quand l'urgence l'imposait, on pouvait naviguer jour et nuit, ignorer les obstacles (écluses multiples) en changeant de bateaux afin de ramener la durée totale du périple à 36 h. Le voyage était ponctué de « dînées », arrêts pour les repas de midi, et de « couchées », lieux d'étape pour les repas du soir et les nuits. À chaque fois, les voyageurs quittaient l'embarcation pour retrouver le terrain des vaches.
Le premier jour, on quittait Toulouse le matin pour s'arrêter à déjeuner à l'écluse de Négra, puis on gagnait Castelnaudary pour dîner et coucher. Le deuxième jour, on était le midi à l'écluse de Béteille, puis le soir à Trèbes. Le troisième jour, la dînée se faisait à la Redorte et la couchée au Somail. Le dernier jour enfin, on déjeunait à Fonsérannes, aux portes de Béziers, et le soir le voyage s'achevait en Agde.
Quelle lenteur, mais quelle poésie ! À comparer peut-être aux voyages à bord du Transsibérien. Les lieux des dînées et des couchées étaient souvent situés à proximité d'une écluse ou d'un pont. Comme à l'écluse de

Béteille, on trouvait une auberge, une écurie et une chapelle où un prêtre se tenait toujours prêt à officier.

CAUX (HORS CANAL) ET SAUZENS

Les deux villages ont été réunis après la Révolution, mais leurs fondations respectives sont bien plus anciennes. Caux correspond sûrement à l'ancienne Coedros romaine, une cité que traversait la via Aquitania et qui servait de relais entre Bram et Carcassonne. Sauzens pourrait avoir des origines wisigothiques. Aujourd'hui, Caux présente encore de nombreux vestiges du Moyen Âge, à l'instar de la poterne du XIIe siècle, au pied du château (rue du Pourtalet). Ce château a été très remanié au XVIe siècle , comme en témoignent les quatre fenêtres à meneaux de la façade méridionale. Avec ses tours rondes et ses murailles qui font partie intégrante des fortifications du village, le monument d'origine date sans doute du XIIe siècle.
La mairie de Caux est installée dans l'ancien presbytère, une solide et élégante demeure du XVIe siècle, percée elle aussi de fenêtres à meneaux. À côté, l'église paroissiale a subi beaucoup de remaniements, aux XIVe et XIXe siècles, qui masquent les éléments romans de la première construction.

SAUZENS

Le village s'inscrit dans un méandre du canal. Depuis l'écluse de Béteille, la voie d'eau devient sinueuse en forant son tracé dans un relief plus accidenté. Sauzens compte également un château dont la partie la plus ancienne date du XIIe siècle. L'ensemble a été fortement remanié au XIXe à l'exception de la façade est qui conserve des éléments architectoniques du XIVe. La modeste église Saint-André, élevée aux XIIe et XIIIe siècles, est constituée d'une unique nef non voûtée.

LE MALEPÈRE ET LE CABARDÈS

Une introduction aux vins languedociens... À l'approche de Carcassonne, la vigne envahit le paysage. Bordée au nord par le canal du Midi, à l'est par l'Aude, la plus occidentale des appellations du Languedoc, les côtes de Malepère, s'étend dans le triangle Carcassonne, Limoux et Castelnaudary. Ce vignoble nous fait pénétrer dans le vaste domaine des vins languedociens. Ici, le climat hésite encore entre une dominante méditerranéenne et la fraîcheur de l'Aquitaine toujours apportée par les vents océaniques. Cette donnée climatique ajoutée au mariage compliqué des cépages (merlot, cabernet sauvignon, grenache, lladoner et syrah, entre autres...), contribue à l'originalité des vins de Malepère qui ne peuvent accompagner qu'une nourriture carnée ou riche en saveurs (fromages).
Au nord du canal, le Cabardès est un petit pays où soufflent le chaud et le froid, où se déchaînèrent la passion des cathares, l'amour courtois des troubadours, la fièvre de l'or et la culture de la vigne. Depuis les pentes douces de la Montagne Noire jusqu'aux portes de la cité de Carcassonne, s'étend le vignoble de Cabardès. Comme le malepère, cultivé à la frontière du Sud-Ouest et de la Méditerranée, c'est une appellation originale, capable de marier 40 % minimum de cépages atlantiques (merlot, cabernet sauvignon et cabernet cranc) à 40 % minimum de cépages méditerranéens (syrah et grenache). Le cot et le fer servadou pouvant compléter les assemblages, à 20 % maximum. Le cabardès est une A.O.C. depuis février 1999.
La vigne est cultivée au pied de la Montagne Noire et à travers toute la Septimanie dès l'époque romaine. Avec la chute de Rome et les invasions barbares, la production de vin décroît jusqu'à devenir insignifiante sous l'occupation par les Wisigoths. Après l'an mil, les moines bénédictins de l'abbaye de Montolieu, comme la plupart des religieux de France et de Navarre, prétextant le besoin de vin pour la célébration du culte, autorisent les populations des environs de Pezens à cultiver la vigne.
Au fil des siècles, malgré les guerres, les hivers rigoureux, la culture de la vigne contribuera à améliorer la vie des Languedociens. L'ouverture du canal du Midi favorise le commerce et le transport. De même, l'invention de l'alambic, mis au point par Édouard Adam, un étudiant de Montpellier, dans la première moitié du XIXe siècle, va donner un coup de fouet à la viticulture de la région. Hélas, à partir de 1852, l'oïdium (un champignon microscopique), puis le phylloxera (un insecte microscopique qui détruit les vignes en piquant les racines et en privant ainsi la plante de sa sève vitale) et enfin le mildiou (un parasite d'origine américaine) vont produire des ravages terribles sur la production régionale. Heureusement, à chaque mal, on trouve un remède. Ainsi, le mildiou donnera naissance à la fameuse bouillie bordelaise mise au point en 1885 (solution de sulfate de cuivre dans de l'eau à laquelle est ajouté du carbonate de chaux). Après tous ces combats, le vignoble retrouve une production normale vers 1900. Mais d'autres luttes et révoltes éclatent alors, opposant les viticulteurs honnêtes à ceux qui fraudent en sucrant ou en diluant leur vin. Une loi sera votée le 29 juin 1907 afin d'assainir la profession et de lutter contre les fraudes. Depuis lors, les viticulteurs languedociens mènent un combat permanent pour défendre leur travail, la qualité de leurs vins et leur savoir-faire millénaire.

Carcassonne

PEZENS

À deux pas du canal, Pezens se dresse parmi les vignes de Cabardès. Le village fut rattaché au royaume de France en 1228, après la croisade des albigeois. Pour pénétrer dans le cœur historique, il faut passer la porte fortifiée. Ensuite, il suffit de se perdre dans les ruelles médiévales et labyrinthiques, et savourer l'ombre douce au détour d'une placette. L'église Saint-Jean-Baptiste, remaniée au XVIIIe siècle, est en fait plus ancienne. Pour s'en convaincre, il suffit de regarder son chevet partiellement inclus dans la muraille fortifiée de la cité.

CARCASSONNE

On aborde la ville par l'entrée des artistes en arpentant son port et le quartier de la bastide Saint-Jean. La découverte de la cité médiévale, connue dans le monde entier, ne se fera que dans un second temps. Dans son projet initial, Pierre-Paul Riquet désirait faire passer le canal par la ville qui était très prospère grâce à l'industrie du drap. Mais les dirigeants de la cité ne voulaient rien débourser en contrepartie des travaux qui étaient importants compte tenu de la configuration du terrain. Du coup, le canal suivit simplement la plaine et un port fut installé à Trèbes. Le détournement par Carcarssonne ne vit le jour qu'au début du XIXe siècle, par décision des États du Languedoc cédant à la pression des commerçants carcassonnais qui se sentaient lésés de ne pas pouvoir profiter de ce moyen de transport. Le port date de cette époque.

À TRAVERS LA BASTIDE SAINT-JEAN

Le quartier de la ville basse est récent comparé à la cité, deux fois millénaire. La fondation de la bastide remonte à Saint-Louis qui la fit bâtir au XIIIe siècle, selon un plan militaire similaire à celui d'Aigues-Mortes. Au fil des siècles, c'est ici que le commerce s'est développé avec les filatures, les cavistes et leurs courtiers, les ateliers de tonnellerie, les charrons et les maréchaux-ferrants. Aujourd'hui, ce quartier, délaissé par les touristes, ne manque pourtant pas de charme, ni d'animation. En plus, on y mange et on y dort à meilleurs prix que dans la Cité. En suivant les rues en damier, on découvre au passage :

- la cathédrale Saint-Michel, bel édifice gothique languedocien, qui subit au XIXe siècle une restauration à la Viollet-le-Duc, à l'instar de la Cité ;
- la chapelle des Carmes fut concédée par Saint-Louis à l'ordre des Carmes qui y établit un monastère au XIIIe siècle. L'édifice servit d'écurie à la Révolution, de Maison des jeunes une partie du XXe siècle, avant qu'il ne redevienne possession de l'évêché ;
- le musée des Beaux-Arts abrite des toiles des écoles françaises et hollandaises du XVIe à la fin XIXe siècle. Tout près de là, l'hôtel de Murat (bd Pelletan) est sans doute le plus bel hôtel particulier de la ville qui en compte beaucoup d'autres au détour des rues centrales ;
- le pont Vieux, bâti au XIVe siècle en remplacement d'un pont plus ancien, assure la transition vers la Cité en enjambant l'Aude.

LA CITÉ MÉDIÉVALE

Le site est habité dès le VIe avant J.-C. par les Gaulois. Sa position dominante au-dessus de la plaine de l'Aude permet aux Romains d'en faire un oppidum, puis une

cité prospère. La ville sera fortifiée dès les premières attaques des Germains et autres barbares, au IIIe siècle après J.-C. Puis, la cité passera des mains des Wisigoths, à celles des musulmans avant d'être reprise par les Francs. Au Moyen Âge, Carcassonne se dote d'un premier système défensif, tout en se laissant largement séduire par le catharisme. Elle en subira les conséquences au moment de la croisade des albigeois ordonnée par le Pape Innocent III. Carcassonne est alors annexée au royaume de France en 1226, il s'en suit une répression terrible. La chasse aux cathares entraîne la multiplication des bûchers. Un deuxième système de fortifications vient s'ajouter au premier, sur ordre du roi Louis IX, rendant la cité invulnérable lors de la guerre de Cent Ans. Les portes Narbonnaise et de Saint-Nazaire, la tour du Trésau, les lices et les enceintes extérieures viendront compléter le dispositif de défense à la demande du roi Philippe III, dit le Hardi. La cité devenue imprenable perd toutefois sa position stratégique dès 1659 avec le traité des Pyrénées qui fixe les frontières définitives entre la France et l'Espagne. C'est le déclin de la ville militaire.

Au milieu du XIXe siècle, Carcassonne est sauvée de la destruction totale par Jean-Pierre Cros-Mayrevieille, un historien et notable habitant de la bastide Saint-Jean. Prosper Mérimée se passionne également pour la Cité, et enfin l'architecte Viollet-le-Duc. Le travail de restauration prendra des décennies et sera parfois critiqué. En 1997, la Cité de Carcassonne est classée au patrimoine mondial par l'UNESCO.

Carcassonne

VISITE

La ville est cernée par deux enceintes de fortifications qui comptent cinquante-trois tours et barbacanes. On accède à la Cité par la porte Narbonaise qui s'ouvre sur la rue Cros-Mayrevieille, très envahie par les marchands du temple. Le cœur de la Cité est dominé par le château comtal, une forteresse dans la place forte qui fut bâtie au XIIe siècle. Comme les remparts, le château ne peut se découvrir qu'en visite guidée (tél. : 04 68 11 70 70).

La basilique Saint-Nazaire et Saint-Celse est tout en contraste avec sa nef romane aux lignes pures, mais pataudes, comparée à la légèreté et à la finesse du chœur et du transept gothiques. L'ensemble baigne dans une lumière rendue splendide par les teintes des vitraux et des rosaces.

Divers musées présentent l'époque médiévale sous son aspect militaire, son architecture, les modes de vie et coutumes jusqu'aux sévices et autres tortures !

Le musée de l'École donne une idée assez précise de ce que fut l'école de Jules Ferry avec tableau noir, encriers, pupitres et sarraus austères – l'univers en noir et blanc de Robert Doisneau.

Près de l'écluse de l'Évêque

Carcassonne Marseillette

OUS JETONS un ultime regard à la cité médiévale dont la silhouette déconcerte toujours, tant nous avons le sentiment de faire un saut dans l'imaginaire de notre enfance. Mais le canal est là pour apaiser notre esprit avec son eau si calme, les rangées de platanes qui forment comme une barrière pour nous protéger du monde extérieur, et les écluses, les déversoirs et les villages qui viennent rythmer notre marche. Rien de tel pour donner à notre voyage géographique une dimension plus intime, aux frontières de l'introspection et du voyage intérieur. Le port animé de Trèbes nous sort de notre rêverie.

Plus loin, le canal navigue parmi les vignes, sous les cyprès et les pins parasols ; nous voici en terre languedocienne. Après Carcassonne, le village de Marseillette nous paraîtra bien paisible et propice au repos.

Avant Trèbes

Église de Trèbes

Cartes utiles

- 2345 E Carcassonne
- 2346 E Cazilhac
- 2445 O Peyriac-Minervois

Renseignements pratiques

TRÈBES (11800)

- OT, 12 av. Pierre-Curie, 04 68 78 89 50, www.ot-trebes.fr
- 5 km av. : G Péniche Odela, 6 pl., 70 à 90 €/1 à 6 p., selon dispo., écluse de l'Évèque, 06 82 09 98 75, www.penichelodela.com
- À 2 km du canal : HR Évasion Hôtel, 37 ch., 30 à 91 €/1 à 5 p., pdj 6 €, 12 rue de l'Industrie, 04 68 78 88 88, www.evasion-hotel.com
- À 2 km du canal : HR La Gentillhommière, 31 ch., 56 à 94 €/1 à 3 p., pdj 7,50 €, 04 68 78 74 74, www.lagentilhom.com

MARSEILLETTE (11800)

- HR O fil de L'Ô, 5 ch., 60 à 80 €/1 à 4 p., pdj 8 €, 69 av. du Languedoc, 04 68 79 20 90, www.o.fildelo.fr
- À 1 km : GE et CH Le Relais Occitan, 40 pl., 20 à 150 €/1 à 6 p., Le Beauvoir, 04 34 89 31 07, www.relaisoccitan.com
- CH Domaine de l'Horto, 4 ch., 75 à 110 €/2 p., 04 68 79 80 14, www.lhorto.com

00,0 Port de Carcassonne. Gare SNCF à main gauche, la bastide Saint-Louis à droite. Franchir le pont Marengo (l'écluse de Carcassonne) et emprunter la rive droite du canal.

01,0 Panneau de sortie de la ville ; la vue à droite embrasse toute la Cité. Peu après, la rive gauche est dominée par des falaises calcaires.

03,0 Écluse de Saint-Jean. Poursuivre rive droite, le chemin est balisé et ombragé par des cyprès. Le canal vire à droite avant de…

0h50 03,7 Franchir le **pont aqueduc de Fresquel,** puis la double écluse. Les marcheurs suivent un chemin gravillonné, les cyclistes peuvent opter pour le bitume. Cultures intenses de chaque côté du canal. Les vignes dominent le paysage.

04,3 Beau pont en dos d'âne, côté rive droite.

06,9 Passer une sorte de gué qui fait office de déversoir. Après 1 km, on arrive au niveau de l'écluse de l'Évêque. 700 m plus loin, on admire l'écluse de Villedubert.

10,0 Une haute falaise plantée de pins parasols domine la rive gauche. Nous sommes toujours sur la rive droite.

12,2 Du pont aqueduc de l'Orbiel, on découvre sur la droite au-delà des vergers la ville de Trèbes. On pénètre dans la cité par la rue Riquet, en bordure de la rive.

3h15 12,8 **Trèbes,** centre, carrefour avec la D 610 que l'on coupe. Poursuivre en face par la rive droite du port. Belle allée de platanes, mais où stationnent de nombreux camping-cars.

13,5 Moulin et triples écluses de Trèbes. Cyprès, vignes, pins parasols nous cernent pour composer un décor très méditerranéen. L'Aude est très proche à notre droite.

16,8 Un pont passerelle en bois conduit sur la rive gauche à une splendide propriété avec une tour octogonale.

18,1 Pont et village de Millegrand sur la rive gauche. Poursuivre rive droite par un chemin gravillonné et ombragé par de grands platanes. La rive gauche plus sauvage est plantée de cyprès ou dominée par des falaises.

22,3 Marseillette. Monter sur le pont pour couper la D 610. Le village s'étend à notre droite. Longer la maison du Peuple, l'aire de jeu, avant de reprendre notre chemin le long de la rive droite.

5h50 23,2 **Écluse de Marseillette.**

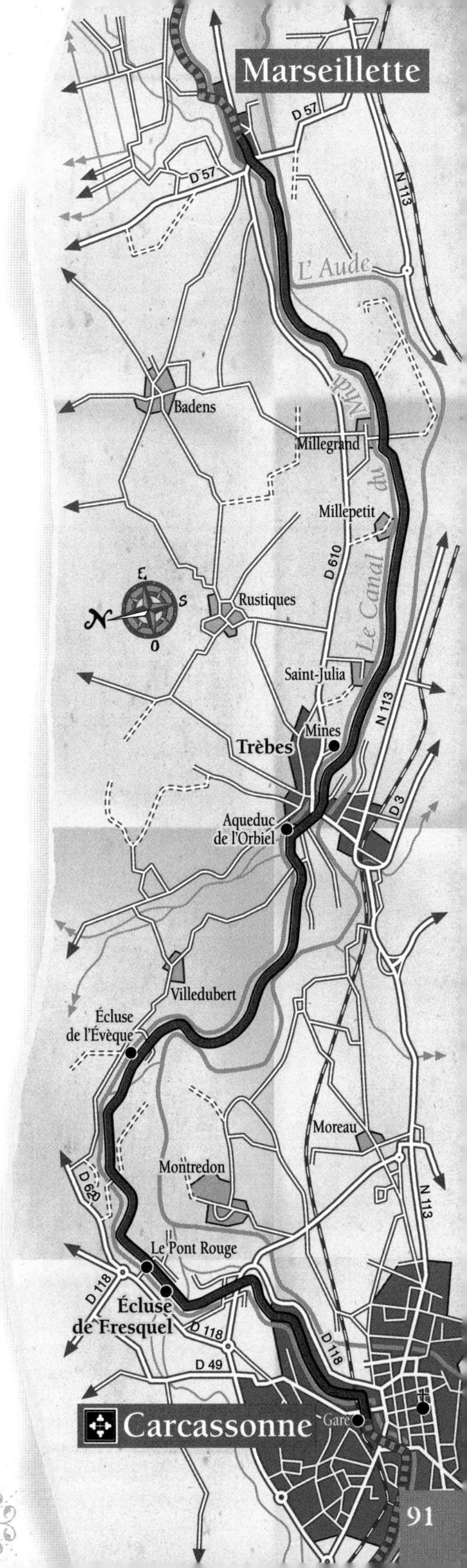

CHEMIN FAISANT JUSQU'À TRÈBES

Après l'architecture médiévale de la Cité, nous retrouvons une succession d'ouvrages propres au canal avec moult écluses, des épanchoirs, le pont aqueduc de Fresquel ou encore le pont canal de l'Orbiel. Ce dernier, réalisé en 1684 à la demande de Vauban sur les plans des architectes Launay et Colins, se compose de trois arches. De son tablier, la vue sur Trèbes est très belle.

Le port de Trèbes constitue aujourd'hui une halte nautique importante par sa taille et sa fréquentation. Dès l'ouverture du canal, Trèbes connut un trafic important. Les tuiles, les matériaux de construction et diverses marchandises destinées à l'arrière-pays envahissaient les quais, de même que les tonneaux de vin stockés devant les entrepôts. Le village au Moyen Âge servait de poste avancé à la Cité de Carcassonne. Il fut ravagé une première fois par les troupes de Simon de Montfort lors de la croisade contre les albigeois, puis durant les guerres de Religion. Il ne restait rien au XVe siècle de son château féodal, les remparts furent abattus après la Révolution. Aujourd'hui, il ne subsiste de l'époque médiévale que l'église Saint-Étienne. Extérieurement, elle exhibe une silhouette assez dépouillée dans le style gothique méridional. L'intérieur mérite que l'on s'y attarde pour contempler les trois cent vingt corbeaux en chêne, tous différemment sculptés et peints, sur lesquels repose la charpente de la nef. Bel ensemble d'iconographies médiévales !

À la sortie de Trèbes, la triple écluse permet de franchir une dénivellation de 7,85 m. L'ouvrage alimentait au siècle dernier deux moulins très actifs. Un seul bief long de 9 km nous sépare désormais de Marseillette et de son écluse. Pour conserver la même altitude, il a fallu à plusieurs reprises creuser dans la falaise pour faire passer le canal.

MARSEILLETTE

C'était un village gaulois de la tribu des Volsques Tectosages, qui fut rattaché à Rome sous le nom de Liviana, puis, au Moyen Âge, prit le nom de Massilia. De sa colline, il dominait un vaste étang qui fut au fil des siècles asséché par l'action des hommes. L'assèchement, entamé sous Henri IV, permit la réalisation d'un immense quadrillage de canaux de drainage pour l'évacuation des eaux, rendant le lieu plus salubre. Au Moyen Âge, Marseillette était entourée de remparts et dominée par un château fort élevé au XIIe siècle . Les amoureux des débuts de la communication admireront avec émotion, dans l'enceinte du vieux fort ruiné, une tour du télégraphe Chappe, bâtie en 1834.

CAPENDU (À 2 KM, HORS CHEMIN DEPUIS MARSEILLETTE)

Les plus courageux peuvent s'offrir ce détour afin de découvrir la chapelle romane Saint-Martin avec son abside polygonale. L'ensemble du village a gardé son plan médiéval en forme de circulade. Au Xe siècle, l'insécurité ambiante avait poussé la population à bâtir sur la butte selon une organisation spatiale en ovale autour du château. On continuera à construire en respectant cette configuration jusqu'au XVIIe siècle.

Pont sur la route de Trebes

Le Somail

Marseillette Le Somail

Les nombreux villages, pourvus d'hébergements, qui jalonnent cette étape donnent une totale liberté à ceux qui voudraient revoir le découpage. À noter que l'auberge de l'Arbousier à Homps scinde idéalement l'étape en deux. De plus, cette auberge est très agréable et propose une carte aussi recherchée que savoureuse. Aujourd'hui, le canal poursuit son incursion au pays de la vigne. Tous les villages disposent de caves coopératives, reconnaissables de loin à leurs immenses cuves en inox. Le tracé de la voie d'eau n'est jamais monotone, elle se surprend même à serpenter après l'écluse d'Argens en s'accrochant à flanc de colline afin de conserver une altitude constante.

Nous longeons un bief de 54 km, le plus long du canal, la prochaine écluse annoncée est Fonsérannes, aux portes de Béziers. Le Somail et son port forment un cadre idyllique pour passer une nuitée champêtre, comme au temps du canal des Deux-Mers.

Cartes utiles

- 2445 O Peyriac-Minervois
- 2445 E Lézignan-Corbières
- 2545 O Capestang

Renseignements pratiques

PUICHÉRIC (11700)

- www.mairie.puicheric.mairie.pagespro-orange.fr
- CH Les Fontanelles, 4 ch., 50 à 85 €/1 à 4 p., repas 25 €, 04 68 43 72 11, www.fontanelles.fr

LA REDORTE (11700)

- CH La Marelle, 5 ch., 55 à 110 €/1 à 4 p., 19 av. du Minervois, 04 68 91 59 30, www.chambres-lamarelle.com

✣ HOMPS (11200)

- HR Auberge de l'Arbousier, 11 ch., 56 à 105 €/1 à 4 p., pdj 8 €, repas 22 €, 50 av. de Carcassonne, 04 68 91 11 24, www.auberge-canaldumidi.com
- CH Le Jardin d'Homps, 5 ch., 72 à 108 €/2 p., 21 Grand rue, 04 68 91 39 50, www.jardinhomps.com
- R En Bonne Compagnie, 6 quai des Négociants, 04 68 91 23 16, www.en-bonne-compagnie.com
- CH Relais des Chevaliers de Malte, 5 ch., 69 à 90 €/2 à 3 p., repas 15 €, 3 av du Languedoc, 04 68 49 90 94, www.relaischevaliers.pagesperso-orange.fr

✣ ARGENS-MINERVOIS (11200)

- www.mairie-argensminervois.com
- CH (vinicole) La Bastide des Maels, 3 ch., 40 à 100 €/1 à 4 p., repas 20 €, 18 av. de la Méditerrannée, 04 68 27 42 65, www.domainedesmaels.com
- CH La Dernière Maison, 1 ch., 65 à 70 €/1 à 2 p., 04 68 27 13 50, www.bandbcanaldumidi.com
- 3 km ap. : GE Écurie de Roubia, 6 pl., 25 à 75 €/1 à 6 p., pdj 6 €, 1 pl. du Cadran Solaire, Roubia, 04 68 43 26 53, www.ecuriederoubia.com

✣ LE SOMAIL (11120)

- OT, 168 allée de la Glacière, 04 68 41 55 70, www.lesomail.fr
- CH La Maison des Escaliers, 5 ch., 28 à 80 €/1 à 2 p., 6 rue Paul-Riquet, 04 68 48 44 23, www.patiasses.com
- CH Neptune, 5 ch., 35 à 60 €/1 à 3 p., allée des Cyprès, 04 68 46 04 74, www.chambresleneptune.com
- CH L'Aurblan, 4 ch., 60 à 90 €/2 à 4 p., repas 20 €, 135 rue de la Bergerie, 04 68 46 28 08, www.aurblan.com

Argens

00,0 Écluse de Marseillette (l'hôtel la Muscadelle est à côté de l'écluse sur la rive droite). Franchir le canal de façon à poursuivre sur la rive gauche par une large piste.
Après 500 m, la piste s'écarte à gauche : continuer en bordure du canal par un sentier herbeux et étroit sous de belles essences d'arbres.

03,1 Triple écluse de Fonfile. À 1300 m, on atteint l'écluse de Saint-Martin qui comprend au début du bief inférieur une aire de pique-nique. On franchit en suivant l'aqueduc Saint-Martin.

1h35 06,2 Écluse de l'Aiguille. Le pont va nous permettre de repasser rive droite, car le chemin à gauche devient impraticable.

08,1 Puichéric. (À partir du petit pont en dos d'âne, la route à droite conduit au bout d'un kilomètre au village viticole.) Continuer rive droite sous les platanes et le long d'un talus envahi par la ciguë.

09,2 Écluse de Puichéric. On poursuit toujours parmi les herbes folles des talus, rive droite.

3h00 12,1 La Redorte. Pont, port et restaurant. La coopérative viticole borde la rive gauche, nous poursuivons sur la rive droite. Après le pont sous la D 11, on passe sur l'épanchoir de l'Argent Double (la zone est parfois humide pour les chaussures !). Le sentier devient étroit.

15,2 Domaine viticole de Cascals ; le sentier se voit doublé d'une piste gravillonnée où les cyclistes seront plus à l'aise.
À 400 m, on atteint l'écluse de Jouarres. L'éclusier propose des produits du terroir avec au choix : du vin ou bien du vin ou encore du vin…

16,6 Pont au pied du château de Jouarre (à droite du canal) qui fait chambres d'hôtes. Après 400 m, utiliser une piste pour contourner un bassin qui s'étale à droite du canal.

4h30 18,2 **Homps.** Laisser à droite l'auberge de l'Arbousier. À 300 m, on se trouve au niveau du port de Homps (épicerie, restaurants). Poursuivre rive droite.

19,5 Écluse de Homps. Toujours rive droite, marcher sous de beaux pins parasols.
À 700 m, passer l'écluse double d'Ognon (les cyclistes peuvent utiliser une petite route à droite du canal).

22,9 L'écluse de Pech Laurier arrive à une cinquantaine de mètres après un aqueduc. En aval de l'écluse, le bief contourne une colline, le Pech Laurier, avant d'atteindre…

6h00 24,2 **Argens-Minervois.** Le village, dominé par son château, se dresse sur la rive gauche. Le port est une escale recherchée. À 1200 m en aval, on rencontre l'écluse d'Argens, la dernière avant Fonsérannes, aux portes de Béziers, à 54 km !
Le chemin rive droite, superbe pour les marcheurs, est envahi par les souches. Les cyclistes peuvent suivre la petite route parallèle, puis emprunter la D 67 à gauche jusqu'à…

27,7 Roubia. Le pont de la D 67 enjambe le canal pour rejoindre le village sur la rive gauche. Continuer rive droite par le chemin ou par la route D 124 (pour les cyclistes).

7h40 30,3 **Paraza.** Continuer rive droite. Les premiers mètres s'accomplissent sur le bitume, puis on retrouve à nouveau le chemin de halage.

31,7 L'aqueduc de Répudre se découvre au fond d'une courbe du canal, parmi les cyprès et les vignes.

33,8 Ventenac-en-Minervois. Le village s'étend sur la rive gauche. Du pont sur la rive droite, emprunter la D 124 vers l'est. Après 1 km, poursuivre par un chemin gravillonné.

9h30 37,5 Le Somail.

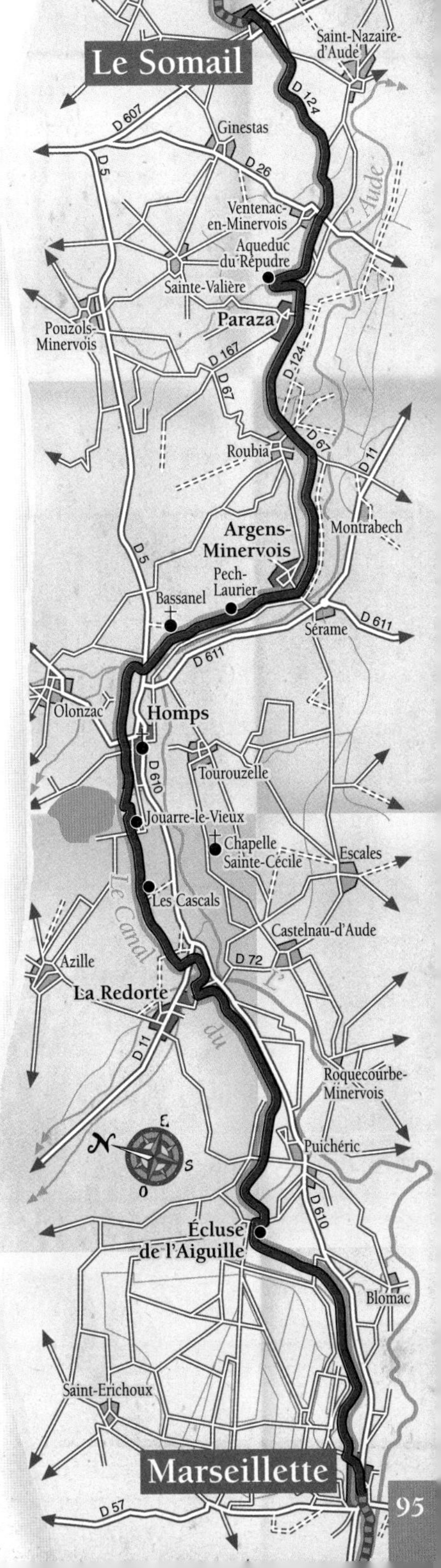

LE SOMAIL

L'endroit ne doit son développement qu'à l'avènement du canal et parce qu'il constituait une étape de nuitée pour la barque de poste. Le lieu, aussi calme que beau, forme un cadre idéal pour passer la nuit, à l'instar des voyageurs d'antan. Les bâtiments qui entourent le port datent de la construction du canal. Les lignes architecturales sont simples, rehaussées par l'utilisation d'une pierre d'une belle teinte rosée. Le pont de pierre construit avant 1683 associe le basalte au grès et au calcaire. La chapelle, bâtie à la même époque, recevait les voyageurs et les mariniers. Quant au bâtiment de l'auberge, élevé en 1684, il servait à la couchée.

Le musée du Chapeau (tél. : 04 68 46 19 26), situé à quelques centaines de mètres du port, vous permettra de tout savoir sur les couvre-chefs. Le musée en compte six mille cinq cents provenant du monde entier ! Avis aux « livrivores » : le lieu étant propice à la lecture, sachez que la librairie ancienne (le long du canal) compte quelques dizaines de milliers d'ouvrages, et parfois des oiseaux rares !

Roubia

Pont d'Argeliers

Le Somail Capestang

AS D'ÉCLUSES au programme du jour, car nous suivons toujours le même bief. En revanche, nous rencontrons un carrefour… de canaux ! En prenant à droite, le canal de jonction de la Robine nous acheminerait vers Narbonne et la Méditerranée, en 33 km. Mais, nous avons décidé de rester fidèles au canal du Midi, alors en avant tout droit vers l'est, à l'ombre des pins parasols. L'étape est agréable et sans histoire. Avec un peu de chance, nous pouvons atteindre Capestang à l'heure du pastis ou d'un rosé bien frais, à savourer de préférence sur la petite place ombragée de platanes au pied de la collégiale Saint-Étienne. La cité mérite une visite, mais avant, aux heures chaudes, une sieste d'après déjeuner s'impose.

Cartes utiles

2545 O Capestang

Renseignements pratiques

ARGELIERS (11120)

- CH Péniche La Baïsa, 3 ch., 75 à 110 €/1 à 3 p. (+ GE 14 pl., à partir 20 €/p.), le Port, 06 07 88 18 30, www.peniche-chambres-hotes.com
- CH La Tour, 5 ch., 50 à 75 €/2 à 3 p., repas 20 €, 3 pl. des Cathares, 04 68 46 32 60, www.argeliers-la-tour.fr
- CH Les Trois Sources, 4 ch., 50 à 73 €/1 à 3 p., 4 av. Jean-Jaurès, 04 68 40 15 92, www.les3sources.c.la
- CH La Comtadine d'Oc, 5 ch., 60 à 80 €/2 à 3 p., 18 rue du Port, 06 69 37 88 93

CAPESTANG (34310)

- OT quai Élie-Amouroux, 04 67 37 85 29, www.ville-capestang.fr, www.tourismecanaldumidi.fr
- HR Le Relais Bleu, 6 ch, 26 à 62 €/1 à 4 p., repas 17 €, 19 cours de Belfort, 04 67 93 31 26, www.lerelaisbleu.com

→ GE Lo Castel, 19 pl., 16 €/p., pl. Gabriel-Péri, 04 67 93 40 90, www.gitecapestang.frcapestang.org

→ CH La Maison Verte, 3 ch., 28 à 58 €/1 à 3 p., 7 rue A.-Saisset, 06 28 35 82 77, www.cybevasion.fr

→ CH Bellifontaine, 5 ch., 65 à 70 €/2 p., 44 cours de Belfort, 04 67 93 30 61, www.la-bellifontaine.com

→ CH Le Mûrier Platane, 11 pl., 50 à 98 €/1 à 4 p., repas 20 €, 4 bis rue Voltaire, 04 67 93 78 45, www.lemurierplatane.pagesperso-orange.fr

→ CH L'Aïolle, 3 ch., 58 à 73 €/1 à 3 p., 6 pl. Danton-Cabrol, 04 67 93 53 52, www.aiolle.com

→ CH du Canal, 3 ch., 65 €/2 p., 4 imp. Paul-Riquet (face au port), 04 67 93 49 34, www.leschambresducanal.fr

00,0 Le Somail. Quitter le port et le bel ensemble de bâtiments du XVIIe siècle afin de poursuivre le périple vers l'est par la rive droite.

01,9 Le restaurant La Cascade occupe la rive gauche, tandis que sur notre bord se succèdent l'épanchoir des Patiasses et le pont canal de Cesse. Le port de la Robine est dominé rive gauche par un grand silo.

0h45 03,0 Carrefour de canaux ! À droite, le canal de jonction de la Robine part au sud-est vers Narbonne. Nous franchissons le pont en dos d'âne afin de poursuivre par le canal du Midi vers Béziers. Nous remontons presque plein nord, rive droite, sous une belle allée de platanes, puis de somptueux pins parasols.

05,8 Pont sous la D 5. Le canal s'offre une courbe serrée que ferme le village d'Argeliers. (On peut rejoindre la localité en enjambant le pont près du restaurant Au chat qui pêche, à la sortie de la courbe.) Continuer rive droite par un chemin gravillonné.

10,7 Pont, près de l'auberge de la Croisade. Le canal serpente au-dessus d'une mer de vignes. Après 1800 m, autre pont près du Relais de la Pigasse. Le chemin est non seulement herbeux, mais

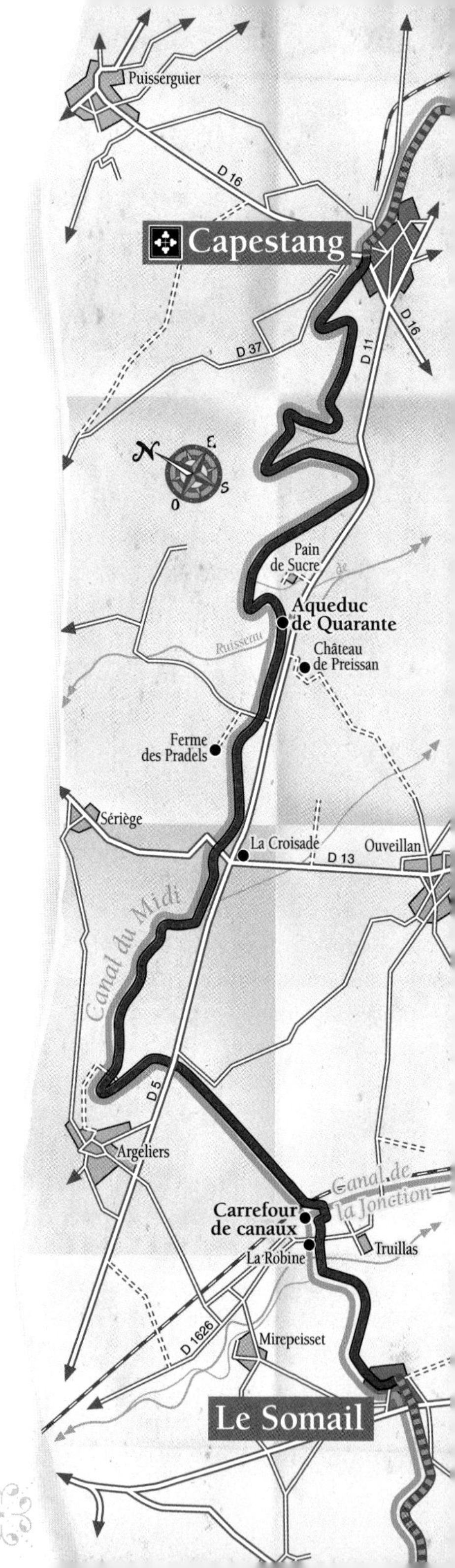

étroit. Peu après, le paysage devient vide, le thym et le maquis nous cernent aux abords de la Commanderie de Preyssan.

3h30 14,0 **Aqueduc de Quarante,** établi sur la rive droite, nous le franchissons. Au pont suivant, laisser le restaurant Le Pourquoi pas ? (vous pouvez bien entendu vous y arrêter...) Les platanes nous gratifient toujours de leur ombre abondante, attention toutefois à leurs racines traîtresses sur le chemin.

5h45 22,8 **Capestang.** Le port s'étend entre les deux ponts. La ville s'étend à droite du canal.

CHEMIN FAISANT

Tout de suite après le Somail, nous passons l'écluse Cesse, qui relie entre eux le canal du Midi et le canal de la Robine. Ce dernier prend la direction Narbonne et se termine, au terme de 33 km et de treize écluses, à Port-la-Nouvelle, au bord du mer Méditerrannée.

Argeliers est accessible en empruntant le Pont-Vieux (pour gagner la rive gauche). À côté du pont, le restaurant Le Chat qui pêche a été installé dans une bâtisse construite par Riquet et qui servait à loger les cantonniers durant la construction du canal. Argeliers a gardé sa physionomie de village médiéval s'accrochant sur un éperon.

CAPESTANG

Repérable de loin, elle est dominée par son énorme collégiale qui fait plutôt songer à une forteresse. Le site a toujours été habité depuis le paléolithique. De nombreuses découvertes archéologiques ont confirmé l'importance de la cité sous l'occupation romaine, puis sous les Wisigoths. Sa chance était de se trouver sur le tracé de la via Domitia, grand axe d'échanges commerciaux. Au Moyen Age, Capestang prospère grâce aux salines de l'étang voisin, à la pêche et à l'agriculture. C'est sans doute cette richesse qui explique la taille indécente de la collégiale et l'édification du château qui sert de résidence secondaire aux archevêques de Narbonne. L'enceinte du XIIe siècle, devenue trop petite, est remplacée par des remparts qui permettent à la ville de prendre ses aises. Cette prospérité ne tient pas compte des lois de la nature. Bientôt, les alluvions de l'Aude séparent la lagune de la mer et annoncent une période sombre de déclin économique. Il faudra attendre l'ouverture du canal du Midi, puis l'avènement du chemin de fer pour que le commerce reparte de plus belle grâce à la vigne.

À l'arrivée à Capestang, le port, ombragé de grands platanes, est un havre de fraîcheur très agréable. On aura sûrement plaisir à y revenir flâner à la tombée du jour, histoire de saluer les plaisanciers anglais qui s'adonnent au french rituel de l'apéro en vidant des bouteilles de vins du cru.

La petite place située au pied de la collégiale Saint-Étienne est également un lieu propice pour goûter au temps qui passe devant un verre de ce que l'on voudra... L'édifice est énorme, on l'a dit, et bâti sur l'église romane Saint-Félix, du XIe siècle, dont il reste le pan de mur ouest. La collégiale est un bel exemple de gothique méridional du XIIIe siècle. Ceux qui se languissent de voir la Méditerranée peuvent grimper au sommet de la tour-clocher. De là-haut, on voit la belle bleue !

Le château du XIVe siècle se dresse à deux pas de là. Ses murailles extérieures sont austères. En revanche, les prélats de Narbonne s'étaient offert une grande salle d'apparat au splendide plafond peint. Cent soixante et un panneaux décoratifs décrivent, dit-on, des scènes de vie du XVe siècle (impossible à vérifier, car le lieu n'est pas ouvert au public pour des raisons de sécurité).

Vignes et oliviers

Béziers

Capestang Béziers

EN MARCHANT à peine plus de 20 km, nous allons d'étonnement en découverte. L'histoire gallo-romaine resurgit sans cesse au fil de cette journée lorsque nous traversons le village de Poilhes-la-Romaine, puis à l'approche de l'oppidum d'Ensérune. L'étang de Montady ne date que du Moyen Âge, mais sa géométrie nous surprend, et peut-être intrigue-t-elle aussi les extraterrestres, car sans aucun doute ce cercle presque parfait est-il visible depuis l'espace. Encore une fois, le génie de Riquet va s'imposer, quand nous découvrons le tunnel de Malpas, puis les neuf écluses de Foncérannes. Pour finir, nous nous perdons dans les rues et ruelles de Béziers, ville qui vit naître le grand ingénieur du canal. Cette courte étape risque fort de se transformer en journée marathon si nous nous attardons en chemin afin de profiter de toutes ces richesses.

Cartes utiles

- 2545 O Capestang
- 2545 ET Béziers

Renseignements pratiques

COLOMBIERS (34440)

- CH La Colombière, 4 ch., 58 à 100 €/1 à 4 p., 6 rue de l'Oppidum, 04 67 98 50 66, www.fr.europa-bed-breakfast.com
- CH Péniche Oz, 3 ch., 100 à 125 €/2 p., 06 84 00 12 39, www.peniche-oz.com

BÉZIERS (34500)

- OT, 29 av. Saint-Saëns, 04 67 76 84 12, www.beziers-mediterranee.over-blog.com, www.beziers-tourisme.fr
- Gares SNCF et routière, tous services
- H Champ de Mars, 10 ch., 38 à 56 €/1 à 2 p.,

pdj 7 €, 17 rue de Metz, 04 67 28 35 53, www.hotel-champdemars.com

- H Alma, 13 ch., 39 à 74 €/1 à 4 p., pdj 8 €, 41 rue Guihemon, 04 67 28 79 44, www.hotel-alma-beziers.com
- CH La Daubinelle, 1 ch., 60 à 70 €/1 à 2 p., 81 rue de la Daubinelle, 04 67 31 55 26, www.ladaubinelle.fr
- CH Péniche Chat-Boat-e, 4 pl., 110 à 160 €/2 à 4 p., Port Neuf, 04 99 41 59 66, www.beauty-boat-beziers.fr
- R Tendido Sol, 21 pl. Pierre-Sémard, 0467 28 00 40

00,0 Capestang. Du port, on emprunte la rive droite vers l'est. Le canal reprend son trajet sinueux à flanc de colline. À droite, le paysage s'ouvre sur l'étang de Capestang.

03,3 Pont de Trésille, nous passons sous la D 11. Le canal contourne par le sud la colline de Roquemélane avant de toucher le port de…

1h20 05,4 Poilhes-la-Romaine. De très belles péniches stationnent à quai. Poursuivre sur la rive droite en laissant la mairie et le cœur historique du village à droite.
La D 37 nous accompagne sur 400 m. Un tertre et son cimetière dominent la rive gauche.

08,1 Pont et belle demeure. La colline avec le site de l'oppidum d'Ensérune surgit en avant, sur la gauche du canal.

2h30 10,0 Tunnel de Malpas. Quitter le chemin de halage juste avant le tunnel pour monter une sorte de rampe qui débouche sur une petite à gravir à gauche. Noter qu'à mi-côte les marcheurs peuvent emprunter à gauche un sentier qui passe au-dessus de l'entrée du tunnel. Des marches leur permettent de descendre vers un trottoir qui franchit la totalité du tunnel par la rive gauche.
Cyclistes et marcheurs claustrophobes peuvent continuer à monter la côte vers la D 162^{E3}…

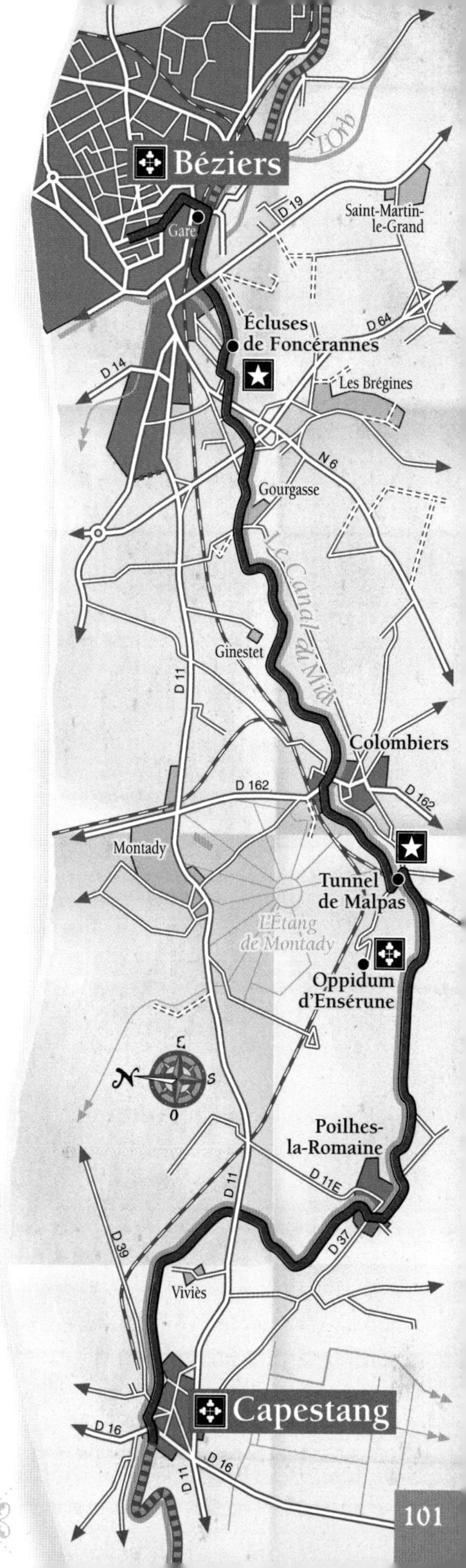

Tunnel de Malpas

10,4 Oppidum d'Ensérune. On accède à ce site après 1 km en montant à gauche la D 162^{E3}. Couper la route et descendre en face vers le tunnel de Malpas pour continuer vers Béziers. En bas de la descente, on découvre la sortie du tunnel et une aire de pique-nique. Poursuivre par la rive gauche. En regardant vers le nord, on peut voir l'étang de Montady. (Bien sûr, la vue est meilleure en grimpant à l'oppidum.)

3h00 12,1 **Colombiers.** Au pont, nous passons sur la rive droite pour visiter le village et le port. Sinon, il faut continuer rive gauche en direction de Béziers. Le canal serpente plus que jamais parmi les cultures. Il passe sous un beau pont aux abords de Gourgasse. Ensuite, la roche affleure partout, le lit du canal a été taillé à travers la colline.

4h30 18,2 **Les écluses de Fonsérannes.** Descendre à gauche de l'ensemble. Après 280 m, au pied de l'ouvrage, utiliser la passerelle pour enjamber le bras qui va se jeter dans l'Orb. De l'autre côté, faire quelques mètres à droite avant de virer à gauche vers le pont canal et Port Neuf.

19,5 Béziers. Franchir le pont canal au-dessus de l'Orb. Au bout du pont, le canal vire à droite. Au niveau de l'écluse Béziers, s'écarter à gauche du canal pour emprunter la rue des Péniches. Au carrefour giratoire, poursuivre en face afin de passer sous le pont Noir, les voies ferrées. Juste après, tirer à gauche afin de remonter le boulevard de Verdun jusqu'à…

20,6 La gare SNCF. Face à celle-ci, monter sur la gauche l'avenue Gambetta pour déboucher place Garibaldi. Tirer à droite pour emprunter sur moins de 100 m l'avenue du Maréchal-Joffre. La rampe des Poilus, à gauche, nous conduit à l'angle de la place Jean-Jaurès. Descendre sur la droite pour rejoindre…

5h20 21,2 **Béziers,** centre, allées Paul-Riquet au pied de la statue du fondateur du canal.

Vallée de l'Orb

DE CAPESTANG À POILHES-LA-ROMAINE

Le canal s'accroche à flanc de colline en serpentant beaucoup afin de conserver une pente infime jusqu'aux écluses de Foncérannes, encore distantes de 15 km. Vers le sud, s'étend l'étang de Capestang, balayé par le vent d'autan ! C'est ainsi que nous gagnons Poilhes-la-Romaine. La cité, dans l'Antiquité, s'appelait Podium Valerii, sans doute en hommage à un chanteur yéyé de l'époque. Aujourd'hui, le village paisible se développe à l'ouest du canal et son joli port semble très prisé des croisiéristes et des néobateliers aux péniches bien restaurées. Au détour d'une ruelle, vous découvrirez sans doute un vestige laissé par Rome. Arrivé sur la place de l'ancienne mairie, quel plaisir de savourer l'ombre d'un arbre aussi magnifique qu'historique, « l'orme de Sully », planté dit-on en 1608, là où se réunissait l'assemblée de village.

L'OPPIDUM D'ENSÉRUNE

Parmi les habitats fortifiés préromains, ce site archéologique est sans doute l'un des plus remarquables. Juché sur une éminence rocheuse, au carrefour des routes terrestres et maritimes, à la croisée du monde de la Méditerranée et des populations celtes ibères, le lieu fut occupé durant près de sept siècles du VIe avant J.-C. jusqu'au Ier siècle après. Les fouilles menées en 1915 ont révélé son importance avec une nécropole de plus de six cents tombes à incinération, ainsi que des maisons simples, en pisé et des silos creusés dans le tuf qui permettaient la conservation des aliments.

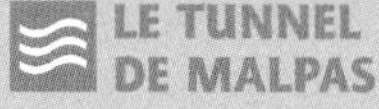

LE TUNNEL DE MALPAS

Il fut le premier creusé sous une colline pour y faire passer un canal. Ce travail, réalisé sous la colline d'Ensérune en 1679, prouve autant le génie que l'obstination de Pierre-Paul Riquet. La nature géologique de la montagne, de grès très friable, sujette aux éboulements, faillit mettre un terme au chantier du canal du Midi. Colbert lui-même fit interrompre les travaux, décision qui réjouissait les détracteurs de Riquet. Finalement, les travaux de perçage se poursuivirent secrètement et la voûte du tunnel fut consolidée par du ciment pour éviter les risques d'éboulement.

Long de 165 m, le tunnel porte le nom de Malpas qui signifie « mauvais passage ». À une plus grande profondeur passent deux autres tunnels dont les tracés se croisent à des niveaux différents. Une première galerie avait été percée au XIIIe siècle pour permettre le drainage de l'étang de Montady, puis en 1855 un tunnel ferroviaire a été creusé pour faire passer la ligne de chemin de fer Bordeaux-Sète.

L'ÉTANG DE MONTADY

En ce lieu, au XIIIe siècle, les eaux stagnantes propageaient les maladies et la mort dans la campagne alentour. Les propriétaires terriens décidèrent d'assécher l'étang avec l'accord de l'archevêque de Narbonne, comme en témoigne la charte du 13 février 1247. Les nombreux fossés de drainage allant de la périphérie au centre, le Redondel, découpent en une forme géométrique parfaite semblable à un soleil cette vaste étendue de plus de 400 ha. Du centre part un fossé principal construit à contre-pente, la Grande Maïre, qui évacue les eaux sous la butte du Malpas par un aqueduc long de 1 364 m, à 30 m de profondeur. Ces eaux se jettent ensuite dans la rivière Aude après avoir traversé les anciens étangs de Poilhes et de Capestang.

COLOMBIERS

On découvre son port fluvial en demi-cercle après un beau tronçon du canal, enjambé par trois élégants ponts construits au XVIIe siècle. L'ensemble est ombragé par de nobles platanes. Le nom de Colombiers viendrait de *colombarium* en latin, car le site servait de nécropole à l'époque romaine. Le village a beaucoup de charme avec son église paroissiale bâtie sur une butte qui abrite l'autel wisigothique de Malpas. Juste à côté du canal, la cave du château s'inspire du carénage d'un navire inversé. Elle fut construite au XIXe siècle, période où le vin faisait la prospérité du Languedoc avec une production de 13 000 hl de vin par an. L'église Saint-Sylvestre possède un beau chevet, unique survivance romane de l'édifice.

LES NEUF ÉCLUSES DE FONSÉRANNES

Pierre-Paul Riquet a vu monumental, à la limite de la démesure avec cette écluse octuple, construite pour permettre le passage des 21,44 m de dénivelé, sur 304 m de longueur. Plus tard, la dernière écluse, placée au plus bas et s'ouvrant sur le port de Notre-Dame est supprimée. La succession d'écluses forme un escalier géant très impressionnant. Du haut de l'ouvrage, on peut contempler le panorama de la ville de Béziers et de sa cathédrale. En 1987, la construction d'une pente d'eau fut entreprise, selon le système inventé par l'ingénieur René Bouchet et par le professeur Jean Aubert, en 1960, déjà mis en place à Montech. Inauguré en 1990, le dispositif permet de déplacer les bateaux ou les péniches sur un coin d'eau, poussés ou tractés par un bouclier moteur, sur un plan de béton incliné. Le procédé utilisé par les bateliers professionnels double l'octuple de Fonsérannes, toujours

prisé par les plaisanciers qui ne comptent pas leur temps.

BÉZIERS

On aborde la ville après avoir franchi l'Orb par le pont canal. L'ouvrage, édifié entre 1854 et 1857, est, avec ses 240 m et ses sept arches, le plus long du canal du Midi. Du pont, le vieux Béziers se dévoile, accroché à la colline que les Romains qualifiaient d'oppidum. La cité s'enrichissait déjà grâce au commerce, car juste en contrebas passait la voie Domitienne, permettant d'acheminer le vin et l'huile des oliviers cultivés dans la campagne alentour. Sa position dominante ne l'empêche pas de se doter d'un système défensif. Béziers se verra malgré tout occupée pas les Wisigoths, les Sarrasins, puis les Francs. Au Moyen Âge, famines et pestes se succèdent, décimant une partie de la population. Mais l'événement le plus tragique se produit en juillet 1209, lorsque les croisés mettent la ville à sac, parce que les habitants refusent de leur livrer les cathares. La célèbre phrase « Tuez-les tous, Dieu reconnaîtra les siens » a été prononcée à cette occasion par Simon de Montfort. Par la suite, Béziers se relèvera, même si sous Richelieu elle aura à subir une sévère répression.
Pour en revenir au canal du Midi, Béziers a vu naître Riquet. La ville rend hommage à l'ingénieur en lui réservant la plus belle promenade du centre ville. Les allées Pierre-Paul Riquet sont ombragées par d'imposants platanes et bordées de terrasses de cafés qui semblent très appropriées après un tour de ville. Une statue du grand homme se dresse au niveau de la place Jean-Jaurès.

Écluses-Fonsérannes

À TRAVERS LA VILLE

La cathédrale Saint-Nazaire. Sa silhouette gothique et austère surplombe le cours de l'Orb. L'édifice est construit à l'emplacement d'une église détruite en 1209 lors de la croisade albigeoise. Juste à côté, le cloître mérite une visite, ainsi que le jardin des Évêques d'où la vue sur la campagne est superbe.
Dans le quartier de la cathédrale, il faut prendre le temps de se perdre dans les ruelles et sur les placettes bordées d'hôtels particuliers des XVIIIe et XIXe siècles. Ces nobles demeures ont été parfois converties en musées à l'instar de l'hôtel Fabrégat (le musée des Beaux-Arts, place de la Révolution, tél. : 04 67 28 38 78) présentant des collections de peintures aussi riches qu'hétéroclites ;
l'hôtel Fayet (9, rue du Capus, tél. : 04 67 49 04 66) regroupe aussi des toiles et des sculptures du XIXe siècle.
L'espace Paul-Riquet, installé dans l'ancienne chapelle des Dominicains (7, rue Massol, tél. : 04 67 28 44 18) ne vous apprendra rien de plus sur le canal et son créateur. En revanche, vous pourrez y contempler des œuvres modernes et des expositions temporaires.
En remontant au nord du centre-ville, on remarquera au passage : les halles, de style Baltard, qui rendront une fois de plus les Parisiens nostalgiques ; l'église de la Madeleine, bel édifice roman qui a survécu au massacre de Simon de Montfort ; la basilique Saint-Aphrodise qui fut édifiée sur une nécropole païenne au Xaa siècle. La nef date de cette époque. Soit dit en passant…

SAINT APHRODISE…

N'a aucun lien de parenté avec la déesse grecque Aphrodite, aucun pouvoir aphrodisiaque, aucun vice connu ! Mais il fut le premier évêque de Béziers. Avant cela, saint Aphrodise naît en Égypte vers 250 après J.-C. Il se convertit au christianisme après avoir été grand prêtre du temple de Mercure à Héliopolis. Persécuté par les Romains, il traverse la Méditerranée et fait escale à Béziers avec son chameau. Il vit dans une grotte avant d'évangéliser les populations. Arrêté par les Romains, martyrisé, décapité, sa tête est jetée dans un puits. Aussitôt, les eaux remontent jusqu'à la margelle, le saint attrape son chef, et part au nord de la ville. En route, des gens répandent des escargots sur son passage, mais le saint les effleure des pieds sans en écraser. Des tailleurs de pierre se moquent de lui. Alors Dieu les punit en les pétrifiant sur place dans des attitudes ridicules. Saint Aphrodise parvient à sa grotte et s'y ensevelit. Les Biterrois se consolent en prenant soin de son chameau. Voilà pourquoi, le jour de la Saint-Aphrodise, au mois d'avril, on promène un chameau dans les rues de Béziers, l'emblème de la ville !

Ouvrages du Libron

Béziers Agde

UJOURD'HUI, nous sentons la mer, même si nous ne la voyons pas. Dès la sortie de Béziers, les reliefs s'estompent ; un peu plus loin la vigne laisse la place aux marais et aux étendues lagunaires. Taureaux, chevaux, aigrettes se partagent l'espace sous un ciel immense. Ce paysage évoque la Camargue. En chemin, nous avons encore le loisir de découvrir des ouvrages inhabituels au fil du canal, à l'instar de la machine infernale du Libron ou de l'écluse ronde d'Agde. Dès Portiragnes, les constructions en pierre de lave font leur apparition. À Agde, c'est toute la ville qui a été bâtie avec cette roche sombre, à commencer par l'austère cathédrale. Ici, les chalutiers hauturiers amarrés le long des quais signalent que la Méditerranée n'est plus qu'à quelques encablures.

Cartes utiles

- 2545 ET Béziers
- 2645 ET Sète

Renseignements pratiques

VILLENEUVE-LÈS-BÉZIERS (34420)

- OT, 24 rue de la Fontaine, 04 67 39 48 83, www.villeneuve-les-beziers.fr
- H Las Cigalas, 15 ch., 37 à 72 €/1 à 3 p., pdj 6 €, 28 bd Gambetta, 04 67 39 45 28, www.oternity.com/_lascigalas
- CH La Chamberte, 5 ch., 72 à 98 €/2 p., repas 35 €, 10 rue de la Source, 04 67 39 84 83, www.la-chamberte.com
- CH Aux Anges Gardiens, 4 ch., 53 à 80 €/1 à 3 p., repas 15 €, 7 rue de la Fontaine, 04 67 39 87 15, www.aux-anges-gardiens.com
- CH Maison du Canal, 9 pl. en 3 ch., 45 à 70 €/1 à 3 p., 34 bd. Pasteur, 04 67 62 39 85, www.maisonducanal.fr

✣ VIAS (HC – 34450)

- OT, av de la Méditerranée, 04 67 21 76 25, www.ot-vias.com
- H Le Gambetta, 17 ch., 41 à 113 €/2 à 4 p., pdj 6,50 €, 36 bd. Gambetta, 04 67 21 60 94, www.hotel-legambetta.fr
- HR Mucrina, 19 ch., 43 à 88 €/2 à 3 p., pdj 7 €, 14 rue des Tilleuls, 04 67 21 78 25, www.mucrina.com
- H Myriam, 41 ch., 42,50 à 126 €/1 à 4 p., Vias Plage, av. Méditerranée, 04 67 21 64 59, www.motelmyriam.com
- CH Domaine La Gardie, 5 ch., 60 à 74 €/2 à 3 p., 04 67 21 79 22, www.domaine-la-gardie.com

✣ AGDE (34300)

- OT, rond-point Bon Accueil, 04 67 01 04 04, www.capdagde.com
- Gare SNCF
- www.camping-mobilhome-agde.com
- H Le Donjon, 18 ch., 40 à 130 €/1 à 6 p., pdj 7,65 €, pl. Jean-Jaurès, 04 67 94 12 32, www.hotelagde.com
- HR La Galiote, 13 ch., 40 à 105 €/1 à 4 p., pdj 7 €, repas 15,50 €, 5 pl. Jean-Jaurès, 04 67 94 45 58, www.agde-hotelrestaurant-lagaliote.com
- CH Le Clôt, 3 ch., 50 €/2 p., 01/04 au 30/06 et sept., 113 quai Th.-Cornu, 04 67 94 21 78, www.residence-leclot.com

00,0 Béziers, centre. Depuis les allées Paul-Riquet, traverser la place Jean-Jaurès et descendre à gauche la rampe des Poilus. Emprunter à droite l'avenue du Maréchal-Joffre pour déboucher place Garibaldi. Tirer à gauche et s'engager dans l'avenue Gambetta.

00,6 Gare SNCF. Suivre à gauche le boulevard de Verdun ; au rond-point virer à droite pour passer sous les voies ferrées.
Au carrefour giratoire, continuer en face par la rue des Péniches.

01,3 Port Neuf, suivre à gauche le canal vers l'est, sur la rive gauche. Le port compte de nombreux bateaux à l'amarrage.
Après 500 m, on est au niveau de l'écluse de Béziers.

02,2 Pont. Utiliser la passerelle juste après l'ouvrage pour accéder à la rive droite. À partir de là débute une piste goudronnée que se partagent marcheurs et cyclistes.

05,7 Écluse d'Arièges. Elle précède le passage sous le pont de l'autoroute la Languedocienne.

1h45 07,0 **Écluse de Villeneuve-lès-Béziers.** Port et pont languissent sous les platanes. De suite à notre droite, le village encercle sa vieille église du XIIe siècle. (Le pont suivant donne accès à gauche au village de Cers, distant de 1 km, perdu au milieu des vignes.)

11,5 Écluse de Portiragnes. Le village s'étend sur la rive gauche. Continuer toujours sur la rive droite. La vue de ce côté découvre un paysage très plat avec des étangs que se partagent les oiseaux sauvages, les chevaux et parfois les taureaux. C'est un peu la Camargue.

15,2 Le port de Cassafières forme un ample bassin côté rive droite. Nous devons le contourner en suivant une piste gravillonnée. (La Crown Blue Line, société spécialisée dans les croisières sur le canal, possède l'une de ses bases ici.) On retrouve le chemin de halage, toujours rive droite. À noter que la péniche *Béatrice* fait chambre d'hôtes*.

4h40 18,3 **Les ouvrages du Libron.** Suivre les chicanes à travers l'étrange construction. Les cyclistes devront se livrer à des acrobaties pour franchir les portillons ! (À la sortie, on peut opter pour la rive gauche, si on désire s'arrêter au village de Vias.)
Sinon, pour continuer vers Agde, mieux choisir la rive droite par un sentier étroit et herbeux. Peu après, laisser à droite un vaste lunapark.

20,5 Franchir un pont au-dessus d'un *grau* (canal relié à la mer). Dans cette portion, le chemin piétonnier est souvent doublé d'une piste goudronnée.

21,2 Passer un gué ou épanchoir.

22,3 Passer sous un pont routier, puis de suite après un pont ferroviaire. Le canal vire à droite (à l'est), tandis qu'il est rejoint à gauche par le ruisseau de l'Ardaillon.

24,5 Agde, écluse du Bassin Rond. Au pont, monter et couper la D 13. De l'autre côté de la chaussée, descendre sur la rive. Le Bassin Rond est à gauche, nous longeons à droite le canal d'Agde. Passer sous le pont des voies ferrées. Au carrefour, franchir le pont l'Hérault.

6h20 25,2 **Agde,** place Jean-Jaurès, à deux pas de la cathédrale.

Portiragnes, race locale

VILLENEUVE-LÈS-BÉZIERS

À quelques pas du canal, le village, dominé par le clocher de l'église Saint-Étienne, mérite une petite halte. Villanova était déjà mentionnée dans des documents du XIe siècle . C'est dire si la ville n'est pas nouvelle ! L'église du XIIe siècle est sans doute postérieure à la mise à sac de la cité par Simon de Montfort, destruction par le feu, au point qu'elle porta le nom de Crémade : la Brûlée. La tour de la porte d'Orb était baignée par les eaux du fleuve, lorsque celui-ci passait là avant de s'installer plus au sud.

PORTIRAGNES

Bordé au sud par le canal du Midi, le village s'étend au milieu du vignoble. Il s'est développé autour de son église datant du XIIe siècle. L'édifice, remanié au XIVe siècle , est construit en pierre volcanique, à l'instar de bien d'autres à Vias et à Agde. Le clocher carré surmonté d'une flèche octogonale est caractéristique de la région

LA GRANDE MAÏRE

Au sud du canal, c'est une vaste plaine humide qui s'étend sur 400 ha. Une partie se compose de steppes salées, ou *sansouïres*, où la végétation, en particulier les salicornes, a su s'adapter à la présence élevée de sel. C'est le domaine où l'on peut observer l'aigrette garzette. Les autres paysages forment une mosaïque avec en alternance dunes, marécages et étendues d'eau saumâtres. Les roselières, pauvres en espèces végétales, constituent une zone d'abri pour de nombreux oiseaux. La faune sauvage y côtoie les animaux domestiques (taureaux, moutons, chevaux) pâturant à proximité.

LES OUVRAGES DU LIBRON

Ils permettent le croisement entre le canal et le cours d'eau du Libron. C'est un dispositif assez complexe, une sorte de « pont bâche » mobile qui franchit le canal en partie supérieure. Avec ce procédé, la rivière, qui connaît des crues dévastatrices

Agde

et déverse ses eaux très chargées de limon, ne risque pas d'ensabler le canal. Riquet avait eu recours à un autre système qui s'est révélé peu pratique à manœuvrer, particulièrement de nuit. La construction de l'ouvrage actuel fut entreprise en 1858.

L'ÉCLUSE RONDE D'AGDE

Construite en 1679 à l'initiative de Pierre-Paul Riquet, elle est unique au monde et souligne une fois de plus le génie de son inventeur. Grâce à elle, les bateaux disposent d'un choix de trois sorties possibles par une simple rotation et un dispositif de trois portes : la première permet d'accéder à l'Hérault, par un canal de jonction, le deuxième au canal maritime vers la mer, la dernière au canal du Midi en direction de Béziers. L'ouvrage a subi d'importantes modifications dans les années 1970 afin de s'adapter aux nouvelles normes, rendues nécessaires par la taille grandissante des péniches.

AGDE

Elle est la cité grecque d'Agathé Tyché, vieille de 2 500 ans. Elle s'est développée au pied du mont Saint-Loup, un ancien volcan maritime. Cette particularité géologique a donné à Agde son style architectural original, avec ses façades de pierre noire, dû à l'emploi traditionnel du basalte dans la construction. La ville n'arbore pas la même gaieté que les autres cités du Languedoc, encore qu'au premier rayon de soleil on oublie la silhouette un peu sombre de la cathédrale pour ne garder en mémoire que les bateaux colorés qui s'agitent le long du quai et la riche palette des persiennes. Agde s'ancre au carrefour des eaux douces et salées, quand l'Hérault et le canal du Midi s'apprêtent à se fondre dans la Méditerranée.

LA CATHÉDRALE SAINT-ÉTIENNE

Église romane fortifiée au XIIe siècle , elle s'éleve sur l'emplacement d'un temple païen dédié à Diane. Les murailles en pierre de basalte, provenant du mont Saint-Loup, ajoutent à l'impression d'austérité de l'édifice.

LE MUSÉE AGATHOIS, L'OT, L'HEURE DE L'APÉRO...

Implanté dans l'hôtel Renaissance de monseigneur Fouquet (frère de l'intendant du roi), il retrace les 2 500 ans d'histoire d'Agde au gré des vingt-six salles thématiques. On voyage à travers les siècles afin de découvrir les modes de vie, les activités maritimes et viticoles de la ville. De l'Antiquité jusqu'au XVIIIe siècle , Agde compte parmi les ports de commerce les plus importants de la Méditerranée. Cette activité maritime et commerciale est encore présente aujourd'hui. De nombreuses maquettes, reconstitutions et peintures témoignent du long passé maritime de la cité (tél. : 04 67 94 82 51).
L'office de tourisme : installé dans l'espace Molière, c'est une solide construction de basalte qui abrite dans sa grande salle des expositions temporaires (tél. : 04 67 94 29 68).
Le vieux centre est une invitation à se laisser divaguer sous le linge pendu aux fenêtres, parmi les courettes, les placettes et les ruelles où s'amusent des gamins facétieux. Mais on ne se perd jamais totalement dans ce labyrinthe en mouchoir de poche. Tôt ou tard, on débarque sur le quai du Chapître ou sur la Promenade (la rue du 4-Septembre) : il est alors temps de se poser à une terrasse pour déguster une poignée de crevettes ou une douzaine d'huîtres du bassin de Thau avec un verre de vin bien frais.

La cathédrale d'Agde

Bouzigues

Agde Bouzigues

CETTE FOIS, nous allons quitter définitivement le canal du Midi pour vivre de nouvelles aventures en longeant la rive nord de l'étang de Thau. Ce n'est pas tout à fait la Méditerranée, mais l'étang est déjà une petite mer avec ses mini tempêtes et ses vagues qui déferlent aussitôt que souffle la tramontane. Le monde que nos yeux découvrent aujourd'hui existait déjà il y a deux mille ans et plus : à l'instar des ports de pêche de Marseillan, Mèze ou Bouzigues qui jalonnent notre parcours, ou encore les champs de vignes et d'oliviers, ou enfin l'ostréiculture. Le musée de la Villa Loupian établit ce parallèle qui nous relie à l'Antiquité et nous éclaire sur les modes de vie de nos ancêtres gallo-romains. Après cette longue et riche étape, il semble opportun de s'offrir une ventrée d'huîtres, bien installé à une terrasse de Bouzigues, face à l'étang de Thau enflammé par les rayons du soleil couchant.

Cartes utiles

2645 ET Sète

Renseignements pratiques

MARSEILLAN (34340)

- OT, av. de la Méditerranée, 04 67 21 82 43, www.marseillan.com
- CH Cosy, 2 ch., 80 €/2 p., 16 rue du Capitaine-Bages, 04 67 31 76 75, www.chambresdhotes.org/

MÈZE (34140)

- OT, Château de Girard, 04 67 43 93 08, www.ville-meze.fr
- H de Thau, 12 ch., 53 à 75 €/1 à 3 p., pdj 8 €, 1 rue de la Parée, 04 67 43 83 83, www.hoteldethau-meze.com

- CH Maison Capucine, 5 ch., 55 à 75 €/1 à 3 p., pdj 8 €, 15 rue Gambetta, 04 67 24 43 49, www.maisoncapucine.com
- C Beau Rivage, 200 empl., tente 19 à 38 €/2 p., N 113, 04 67 43 81 48, www.camping-beaurivage.fr

BOUZIGUES (34140)

- www.bouzigues.fr
- HR A la Voile Blanche, 8 ch., 65 à 85 €/2 p., pdj 8 €, 1 quai du Port, 04 67 78 35 77, www.alavoileblanche.com
- CH Maison Pitchiline, 2 ch., 70 à 85 €/2 p., 7 rue Beauces, 04 67 74 88 73, www.maisonpitchiline.fr

00,0 Agde. De la place Jean-Jaurès, emprunter la rue H.-Muratet qui traverse la place Molière (office de tourisme). Au giratoire, prendre le long de l'Hérault la D 51 vers Marseillan. À 400 m, laisser à droite la rue Mirabeau. 150 m plus loin, prendre à droite vers le Patriarche.

01,0 Laisser à droite la rue des Roques. À 50 m, bifurquer à droite vers le Club d'aéromodélisme. Franchir un pont au-dessus des voies ferrées.

01,6 Pont Saint-Bauzille sur le canal du Midi* : impérativement descendre sur la rive droite pour longer le chemin de halage (la rive gauche n'aboutit à rien).

* **Attention** : les cyclistes passeront difficilement après l'écluse de Bagnas. Il est plus simple pour eux d'aller tout droit au-delà du pont Saint-Bauzille, en direction de Marseillan. En cours de route, ils trouveront un embranchement à droite vers les Onglous, s'ils désirent faire le crochet.

0h45 03,0 Écluse de Bagnas. Le chemin devient un sentier étroit et très herbeux (bien longer la rive). Après 1350 m, on s'écarte à droite pour suivre une piste herbeuse qui se faufile entre le canal et les voies ferrées.

05,5 Une piste nous vient de la droite, tirer à gauche au N.-N.-E. Nous évoluons sur une sorte de digue au milieu des étangs.

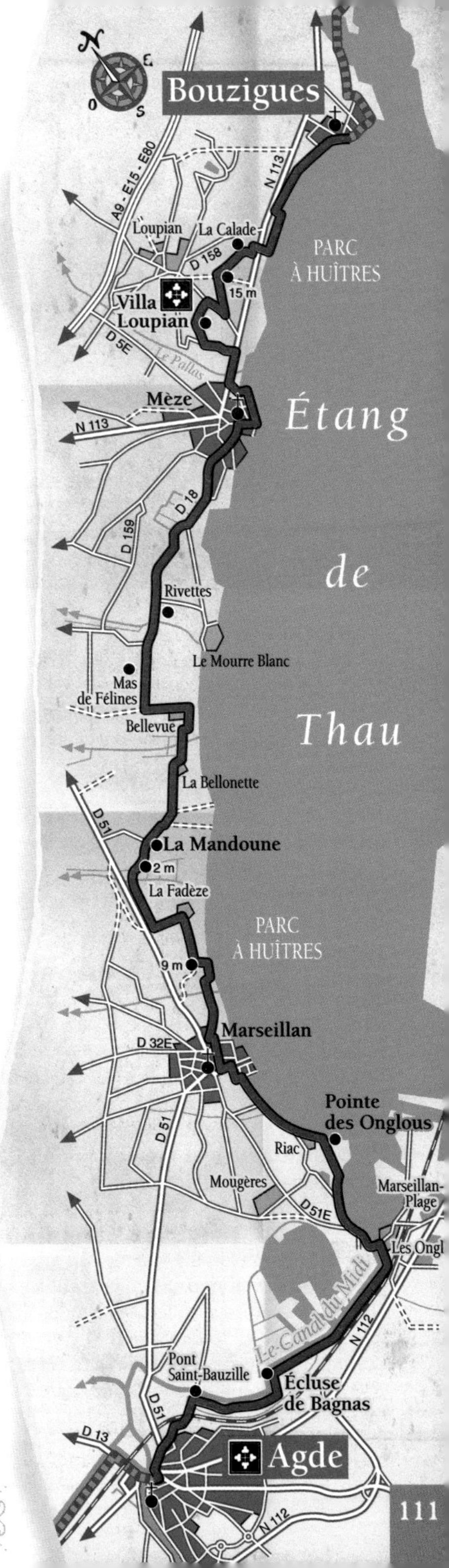

06,0 On bute sur la D 51E5. Franchir le pont à gauche au-dessus du canal du Midi. Après 330 m, quitter la D 51E5 pour emprunter à droite la D 51E6 vers Marseillan. Juste après le panneau d'entrée de la ville…

07,0 Quitter la D 51E6 pour s'engager à droite sur une piste de terre ou chemin de Boubas. Rapidement, on retrouve la rive gauche du canal où sont amarrés de nombreux bateaux de plaisance.

2h10 08,1 **Pointe des Onglous,** fin du canal du Midi. L'étang de Thau s'étend dans toute son ampleur !
À quelques mètres du canal, sur la gauche, démarre une piste piétonne et une petite route en direction de Marseillan. Après 550 m, la D 51E6 nous rejoint par la gauche : poursuivre tout droit en bordure de l'étang vers le village.

2h40 10,0 **Marseillan.** On arrive sur le port, suivre le quai à gauche. Au fond du port, continuer tout droit en laissant à gauche le boulodrome et le théâtre. Au giratoire, l'église et le centre-ville sont droit devant. Nous virons à droite vers Mèze. À 250 m, la rue vire à gauche pour buter sur un second giratoire. Prendre à droite l'avenue G.-Péri vers Mèze.

10,9 Carrefour près du cimetière. Nous laissons son entrée et son mur latéral à gauche. Notre petite route file vers des tennis et les parcs ostréicoles.

11,5 Bifurcation près des tennis : obliquer à gauche. Notre piste est parallèle à l'étang de Thau, ignorer les chemins annexes jusqu'à ce que notre route se rapproche de la berge.

12,4 Carrefour en T : remonter à gauche et 200 m plus loin (cote 9 m), repartir à droite (parallèle à l'étang).

13,4 Juste avant le domaine de la Fadèze, emprunter à gauche le chemin qui rejoint la D 51. On va utiliser cette route passante (faute de mieux) à droite pendant 500 m. Heureusement, il y a des bas-côtés herbeux assez larges.

14,6 Quitter la D 51 dans le point bas pour s'engager à droite sur un chemin blanc qui descend parmi les vignes. Après une exploitation agricole, bifurcation (cote 2 m) : prendre à gauche vers Amirat.

4h00 15,7 **Carrefour** (calvaire) devant la Mandoune et Amirat. Poursuivre à droite vers Montpénèdre. Aux trois bifurcations suivantes : prendre à gauche (en laissant Montpénèdre, puis la Bellonette à

droite). On contourne la Bellonette par une piste de terre pour descendre dans une zone marécageuse et…

17,5 Franchir un petit pont. À 180 m, T : partir à droite vers la rive de l'étang. Virer alors à gauche. Après 250 m, emprunter un chemin de terre qui grimpe à gauche vers le domaine de Bellevue, entouré de pins. Montée raide, puis virage à droite pour contourner la propriété. Devant son entrée, s'engager à gauche sur une piste gravillonnée.

4h50 **19,1** **Bifurcation :** descendre à droite la D 18, une petite route goudronnée vers le Mas de Félines ou domaine de Belmar. Après le domaine Rivettes, laisser à droite la route vers le Mourre Blanc.

21,3 Après la Grange Basse, bifurcation : obliquer à droite. Après 650 m, une route nous vient par la gauche, poursuivre tout droit.

22,3 Carrefour : prendre à gauche pour longer des marais salants (piste piétonne et cyclable). On entre dans Mèze. Monter l'avenue du Maréchal-Leclerc, puis descendre par les rues des Salins et Peytal…

6h15 **24,1** **Mèze,** centre ville. De la place Camille-Vidal, partir à gauche par le boulevard du Port, poursuivre par le chemin de l'Étang pour longer le petit port des Nacelles sous la chapelle des Pénitents. Au bout de la promenade, s'écarter de l'étang en virant à gauche par le chemin de l'Escoudalou…

25,4 Giratoire : emprunter à droite la N 113 vers Montpellier (trottoirs). Franchir le pont sur la rivière Pallas. Peu après, quitter la N 113 pour s'engager à gauche sur la petite route de Loupian. Laisser un embranchement à gauche, puis un second à droite.

26,7 Carrefour en T : prendre à droite…

27,1 Villa Loupian : musée et ruines de la villa gallo-romaine, à laisser à gauche. À 250 m, stop avec la D 158^E4^, à emprunter à droite.

(Noter qu'en prenant à gauche, on atteint au bout de 500 m le beau village de Loupian et son église Sainte-Cécile, de style gothique languedocien, du XIVe siècle.)
Après 500 m, devant une habitation à l'abandon, quitter la route pour suivre une piste à gauche parmi les vignes. Passer un carrefour avec un calvaire détruit.

28,4 Au carrefour en T (cote 15 m) : emprunter à droite l'unique chemin goudroné (celui du milieu). Devant la Calade, descendre à droite pour buter sur la N 113.

Attention ! Couper la nationale et suivre à gauche vers Bouzigues par le bas-côté jusqu'à l'aire de repos. Belle vue sur les parcs à huîtres et sur Sète. En contrebas, on trouve une piste caillouteuse qui se dirige vers l'étang de Thau et une propriété à portail bleu, qu'on laisse à droite. Juste après, on touche le coude d'une route, à suivre en face à gauche. Elle nous ramène vers la N 113. Juste avant le stop…

30,2 Bifurquer à droite par un chemin de terre qui dessert des exploitations ostréicoles, dont le restaurant La Paloudière. C'est moment rêvé pour une dégustation ! Au stop, descendre à droite la D 158 vers Bouzigues.

8h15 **31,8** **Bouzigues,** centre. Quai face à l'étang de Thau.

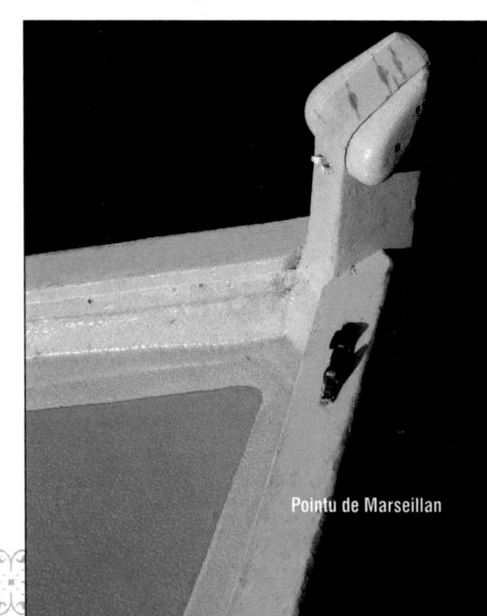
Pointu de Marseillan

LA POINTE DES ONGLOUS

À l'extrémité sud-ouest de l'étang de Thau, elle marque le terme de notre périple le long du canal du Midi. À partir de là, nous allons suivre la rive nord, tandis que les navigateurs, une fois dépassé le phare des Onglous, doivent traverser l'étang en empruntant un chenal balisé d'une vingtaine de kilomètres de longueur qui les conduit jusqu'à Sète. Dès que souffle la tramontane (qui atteint très vite force 4), la traversée devient difficile et le clapot dangereux pour les embarcations conçues uniquement pour la navigation fluviale. Aux premiers temps du canal du Midi, bien avant la propulsion à moteur, les chevaux tractaient les bateaux le long du canal. Mais, parvenus à l'étang, les mariniers hissaient les voiles, s'ils en possédaient, ou bien se faisaient remorquer par des barques à rames. En cas de gros temps, il n'y avait rien d'autre à faire qu'attendre... À partir de 1832, la Compagnie du canal du Midi organisa le remorquage des péniches au moyen de bateaux à vapeur. Le progrès réalisé fut énorme. À partir de ce moment, la traversée s'effectua en 1h30.

LE BASSIN DE THAU

Il est le plus grand étang du Languedoc, avec une superficie qui avoisine les 7 500 ha pour une longueur maximale de 19 km et une largeur moyenne de 3,5 km. Ses rives sont habitées depuis l'âge de fer, mais c'est surtout à l'époque gallo-romaine que le développement démographique prend son essor avec la fondation des villes, telle Balaruc, et la construction d'une voie de communication importante le long de la rive nord. La pêche, la culture des huîtres, dont les Gallo-romains raffolent, et le thermalisme constituent les fondements de la vie économique locale. Vingt siècles plus tard, les données sont à peu près les mêmes.

Les espèces présentes dans l'étang sont, pour les poissons, l'anguille, la daurade, le loup. Quant aux coquillages et crustacés, on peut citer les palourdes, les clovisses, les moules, les crevettes, les crabes et les oursins. La pêche est une activité traditionnelle qui pourrait pourtant diminuer, voire s'arrêter, si la menace qui pèse sur l'écosystème de l'étang va en s'aggravant. L'étang souffre avec la *malaïgue*, une sorte d'empoisonnement dû à une diminution du taux d'oxygène dans l'eau qui favorise l'apparition de vases putrides d'où émane du gaz sulfureux. Par ailleurs, il y a aussi l'augmentation de la salinité liée au réchauffement de la Terre et aux faibles pluies. Ces maux assez difficiles à enrayer sont susceptibles de provoquer un fort taux de mortalité parmi les espèces.

MARSEILLAN

Bien à l'abri des caprices de l'étang, Marseillan fut un comptoir phocéen dès le VIe siècle avant J.-C. La ville et son port ne connurent de développement que grâce à l'étang, avec la pêche et la conchyliculture. Aujourd'hui, on peut ajouter le nautisme et le tourisme. Au port sont encore amarrés quelques *pointus*, mais on compte de plus en plus de voiliers hauturiers. Le centre du village a beaucoup de charme avec sa halle couverte construite en basalte, ses façades d'hôtels particuliers garnies de sculptures en pierre volcanique d'Agde. Sur la place de la République, s'élève la doyenne des Marianne en pierre ; ce symbole de la République est inscrit à l'inventaire des monuments historiques.

MÈZE

La cité est encore plus ancienne que Marseillan : la ville fut fondée par les Phéniciens. Elle s'est développée autour de son port, bâtissant un temple, se dotant d'un feu servant de phare et d'épais remparts pour se protéger. Elle a été successivement habitée par les Grecs, les Romains et les Arabes. Ces derniers furent chassés en 736 par Charles Martel qui saccagea totalement la ville. Mèze renaîtra peu à peu de ses cendres. Malgré les guerres et les pestes, la pêche et la production de vin et d'alcool permirent le développement de la ville. Toute l'animation de Mèze se concentre dans son port, bordé de façades colorées et de terrasses très tentantes pour le marcheur fatigué et assoiffé. En plus des embarcations habituelles, on remarquera peut-être des barques allongées, pourvues à leur poupe d'une sorte d'escalier, la *tintaine*, où prennent places les jouteurs, armés uniquement d'un bouclier de bois (pavois) et d'une lance, qui s'affrontent à l'occasion des joutes nautiques. Le but de la compétition est de mettre l'adversaire à l'eau. En ville, l'église gothique Saint-Hilaire, du XIIIe siècle, est intéressante, mais l'édifice qui a le plus de charme est sans doute la chapelle des Pénitents, du XIIe siècle, qui domine l'étang et le port antique.

LA VILLA GALLO-ROMAINE DE LOUPIAN ET LE MUSÉE

La voie Domitienne, ou via Domitia, qui reliait l'Italie à l'Espagne, passait au nord de l'étang de Thau. Rien d'étonnant que les villages ou les fermes se soient multipliées le long de cette artère commerciale. Au terme de trente années de fouilles, la villa de Loupian nous a permis de mieux connaître les différentes étapes d'une très longue durée d'occupation des terres depuis Ier siècle avant J.-C. jusqu'au VIe siècle après J.-C. Modeste au départ, la ferme s'est développée au point de devenir une vaste résidence patricienne équipée de thermes sous le Haut

Empire (Ier et IIe siècles après J.-C.). Durant cette période, la viticulture occupait une place prépondérante. Le plus grand chai pouvait contenir 1 500 hl de vin. Pour permettre son exportation, il fallut créer des ateliers de potiers qui fabriquaient des amphores. De même, un port fut établi sur la rive nord du bassin de Thau. Les fouilles ont révélé qu'outre la vigne, on cultivait l'olivier et le blé. L'ostréiculture était déjà pratiquée, car les Romains raffolaient des huîtres. À son apogée, la villa devint un palais, doté d'une douzaine de pièces richement décorées de mosaïques. Dès lors, la résidence réservée aux loisirs est nettement séparée du domaine fermier.

Ostréiculture

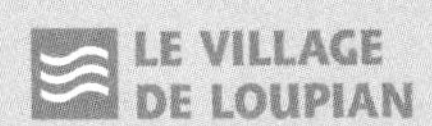

LE VILLAGE DE LOUPIAN

Il se dresse au nord des ruines, sur le tracé de la voie Domitienne, dont il subsiste des fragments. L'existence de Loupian est certifiée par des documents du Xe siècle où elle apparaît sous le nom de Lupianum. Il ne fait aucun doute que le lieu a été habité sans interruption depuis l'Antiquité.

L'église actuelle Sainte-Cécile est construite à l'emplacement d'un ensemble religieux paléochrétien qui comprenait une église, un baptistère et un cimetière. Il jouxtait le domaine de la villa Loupian, en bordure de la via Domitia. Au Moyen Age, cette voie était devenue le *cami romieu*, le chemin de pèlerinage qui faisait de Loupian une étape pour les pèlerins en route pour Rome ou Compostelle. Ceux-ci y trouvaient une maladrerie et plusieurs auberges. L'édifice qui se dresse de nos jours à l'extrémité du village fut élevé au XIVe. Il est de style gothique languedocien et possède la sobriété et la puissance d'une forteresse.

La chapelle Saint-Hippolyte, datée du XIIe siècle, est un petit édifice roman probablement associé au château seigneurial. On remarquera la forme polygonale du chœur, couvert par une voûte en cul-de-four.

L'OSTRÉICULTURE

Les Chinois élevaient déjà des huîtres, il y a plus de 4 000 ans, car ils leur prêtaient diverses vertus, aphrodisiaques entre autres… Les Grecs, plus poètes et démocrates dans l'âme, utilisaient leurs coquilles pour voter. Les électeurs inscrivaient dessus le nom de la personne à évincer de la scène politique. De cette coutume, instituée par Clisthène en 487 avant notre ère, Aristide le Juste fit les frais le premier : il fut banni d'Athènes à « coquilles levées ». À l'époque gallo-romaine, le ramassage des clovisses, des moules et des huîtres sur des bancs naturels était déjà pratiqué, ainsi qu'une forme primitive d'ostréiculture. La drague traditionnelle s'est maintenue jusqu'à la fin du XIXe siècle. Le premier éleveur de coquillages sur l'étang de Thau a été Gatien Lafite, originaire d'Arcachon. Il débuta près de Sète vers 1875, mais il installa définitivement son élevage en 1908, à l'ouest de Bouzigues, sur les rives du Joncas. Les pêcheurs locaux s'étaient longtemps opposés à la mise en place de parcs. Mais, à partir de 1900, la surexploitation du milieu conduit à un appauvrissement des richesses naturelles. Dès 1911, l'engraissement des moules, puis des huîtres, se met en place sur l'étang de Thau. L'absence de marée a imposé la mise en œuvre de techniques spécifiques à la conchyliculture en milieu lagunaire : l'élevage en suspension, par opposition à l'élevage à plat pratiqué sur la côte atlantique… Il faut compter environ trois ans entre la naissance et la consommation d'une huître. Pour tout connaître sur l'élevage des huîtres, on peut visiter le Musée ostréicole de Bouzigues.

BOUZIGUES

Le bourg est célèbre pour sa production d'huîtres et de moules. Les premiers habitants logeaient dans des grottes surplombant l'étang et vivaient de la pêche. À l'époque gallo-romaine, la culture de blé, la viticulture et la production d'huile d'olive ont permis le développement du bourg. L'église et le château datent du XVe siècle. Au début du XXe siècle s'est développée la culture des coquillages selon la méthode « en suspension ». Cette technique a été adoptée par de nombreux producteurs français et étrangers. Le bassin de Thau assure près du tiers de la production nationale de moules.

Bouzigues
Sète

La sortie de Bouzigues par un étroit sentier longeant le bassin de Thau est un régal. Nous poursuivons par une digue au milieu des marais. L'absence d'une passerelle au-dessus d'un ruisseau nous force à accomplir un large détour avant d'atteindre le village médiéval de Balaruc-le-Vieux. Ses ruelles étroites forment un lacis autour de l'église forteresse. Après Balaruc, les marcheurs les plus obstinés pourront terminer le périple en traversant des décors industriels guère enthousiasmants (les autres prendront le bus). Le plaisir est au bout de la route avec Sète. La ville est colorée et débordante d'activité aux abords du port et dans divers quartiers. Comme à Venise, l'eau pénètre le cœur de la cité avec ses canaux, la ceinture au nord avec l'étang de Thau, lèche sa corniche maritime au sud avec la Méditerranée. À présent, notre route s'achève. Selon les goûts, nous choisirons comme point final la jetée au pied du phare Saint-Louis ou bien le cimetière maritime de la colline Sainte-Clair. De tout là-haut, la Méditerranée semble infinie et les rêveurs d'horizons pourront songer à de nouvelles aventures sur les chemins ou sur la mer.

Cartes utiles

2645 ET Sète

Renseignements pratiques

SÈTE (34200)

- OT, 60 Grand rue Mario-Roustan, 04 99 04 71 71, www.ot-sete.fr
- Gares SNCF et routière, tous services
- 9 km av. : CH La Maison, 3 ch.,

60 à 80 €/2 à 4 p., Balaruc-le-Vieux, 3 rue du Presbytère, 04 67 78 72 84, www.lamaisondhote.com

→ H Impérial, 45 ch., 55 à 129 €/2 à 4 p., pdj 9 €, pl. É.-Herriot, 04 67 53 28 32, www.imperial-hotel-sete.com

→ H Venezia, 18 ch., 46 à 120 €/1 à 4 p., pdj 6,50 €, 20 corniche de Neuburg, 04 67 51 39 38, www.hotel-sete.com

→ H Le P'tit Mousse, 17 ch., 42 à 53 €/2 à 3 p., pdj 6 €, rue de Provence, 04 67 53 10 66

→ H Grand Hôtel, 43 ch., 85 à 178 €/2 à 4 p., pdj 10 €, 17 quai de Tassigny, 04 67 74 71 77, www.legrandhotelsete.com

→ HR La Conga/La Table de Jean, 30 ch., 37 à 74 €/2 à 3 p., pdj 6 €, plage de la Corniche-de-Neuburg, 04 67 53 02 57, www.conga.fr

→ AJ Villa Salis, 92 pl. en 24 ch., 19 €/p., tente, 7 rue Général-Revest, 04 67 53 46 68, www.fuaj.org/Sete

→ CH Le Mazet Saint-Louis, 2 ch., 55 à 65 €/1 à 2 p., repas 20 €, 15 rue Martial-Perret, 04 67 78 60 30, www.lemazetsaintlouis.fr

→ CH L'Escarpée Belle, 2 ch., 46 à 109 €/1 à 2 p., 456 chemin du Glacis, 04 67 43 56 31, www.escarpeebelle.free.fr

→ CH, 1 ch., 50 à 60 €/2 p., 33 rue des Lauriers-Roses, 04 67 51 37 22

→ CH Villa les Yalis, 6 pl. en 2 ch., 48 à 100 €/1 à 4 p., pl. É.-Herriot, 04 67 53 41 95

00,0 Bouzigues, centre. Longer le quai, le port de plaisance, puis le musée de l'Étang de Thau. Poursuivre par le sentier piétonnier le long de la rive (les cyclistes ont plus intérêt à passer par l'intérieur du village, puis à suivre la direction Balaruc).

01,2 Le sentier débouche près du camping Lou Labech. Remonter à gauche la rue du Stade jusqu'à la bifurcation où il faut s'engager à droite sur une piste jalonnée d'habitations. Belle vue sur la crique de l'Angle qui marque le fond de l'étang. Descente…

02,2 Carrefour de pistes : obliquer tout à droite par une sorte de digue. Après 2 km, bifurcation : obliquer à droite par un chemin qui longe des fermes en ruine.

04,7 On débouche sur la D 129, à emprunter à droite (attention, peu de bas-côtés).

1h25 05,7 Balaruc-le-Vieux. Du pied de la muraille, en contrebas de l'église, gravir à gauche une série de marches pour rejoindre la place du village, face à la mairie.
À partir de ce point, les cyclistes n'auront aucun mal à poursuivre jusqu'à Sète. Les décors manquent de beauté, mais les pistes cyclables garantissent la sécurité. Les marcheurs sont logés à la même enseigne. Ils risquent, par conséquent, bien peu de choses, sinon de s'ennuyer « grave », au milieu des zones industrielles et autres vilenies. Un service de bus assure des liaisons fréquentes entre cette place de Balaruc-le-Vieux et le centre de Sète. Chacun est donc libre de choisir comme il lui convient.

05,9 De la place de la Mairie de Balaruc-le-Vieux, emprunter la D 129^{E2} vers Sète (trottoirs). Après 550 m, carrefour giratoire : suivre à droite la D 2^{E6} vers Sète ; larges bas-côtés.

07,5 Entrée dans Balaruc-les-Bains. On peut longer la D 2^{E6} en suivant à droite une ruelle parallèle pourvue de trottoirs. Les cyclistes disposent d'une piste cyclable. Passer deux carrefours giratoires, aller tout droit vers Sète. On longe de près l'étang de Thau.

10,0 On passe au niveau de l'usine des ciments Lafarge. À 500 m, franchir le pont au-dessus du canal du Rhône à Sète. La D 2^{E6} dispose de pistes cyclables à gauche et à droite de la chaussée. Au feu, suivre impérativement la piste du côté droit de la chaussée se dirigeant vers Sète.

12,7 Feux et carrefour (gare SNCF à 100 m à gauche). Obliquer à droite vers la pointe Courte. On retrouve des ruelles plus propices aux marcheurs et aux cyclistes dans ce quartier de pêcheurs haut en couleurs. Tirer à gauche par l'allée des Jeux-de-Boules (sous une bretelle de la D 2). Au bout de la rue, descendre une volée de marches à droite que prolonge une voie piétonne passant sous les ponts basculants ferroviaires et routiers. À l'autre extrémité, remonter les marches et emprunter le pont routier.

13,1 Au bout du pont, devant la caserne des pompiers, emprunter à gauche le quai de Bosc. Poursuivre par le quai du Maréchal-de-Lattre-de-Tassigny.

14,2 Sète, centre-ville, au niveau de la rue du Général-de-Gaulle.
On peut poursuivre en longeant les quais vers le port de pêche, la criée et le port de plaisance. On atteint le môle Saint-Louis, à emprunter à gauche pour terminer le périple...

4h00 16,0 Sète, phare Saint-Louis, face à la Méditerranée !

BALARUC-LE-VIEUX

Situé à l'extrémité est de l'étang de Thau, ce village médiéval, fondé vers l'an 1100, est encore un bel exemple de *circulade*. Une couronne de remparts souligne sa géométrie parfaite et protège les maisons anciennes qui s'enroulent en colimaçon autour de l'église forteresse du XIe siècle. À travers cette forme circulaire, on retrouve l'un des symboles chrétiens, fondé sur l'interdépendance de l'homme et du monde créé par Dieu. La circulade, tel un mandala, fait référence à la forme la plus pure, symbole de l'infini et emblème de la force. En fait, il suffit de parcourir les ruelles du village pour constater que le décor est presque resté intact depuis le Moyen Âge. Durant l'été, une fête médiévale réunit la population costumée à des troubadours, bateleurs, jouteurs, gueux et marchands venus de toute la région.

BALARUC-LES-BAINS (HORS CHEMIN)

C'était déjà une station thermale à l'époque gallo-romaine. Le plus ancien établissement thermal de Balaruc-les-Bains est le pavillon Sévigné, construit en 1753. Aujourd'hui, les curistes affluent pour soigner leurs rhumatismes. La basilique gallo-romaine (IIIe siècle) confirme l'importance de Balaruc à l'époque romaine. La chapelle Notre-Dame-des-Eaux, église romane du XIIe siècle, est typique du style languedocien.
Les gourmands ne quitteront pas Balaruc sans avoir goûté aux berlandises, des bonbons à la pulpe de fruit.

SÈTE

La ville est récente : elle est née en même temps que le canal du Midi. La création du port de guerre a été ordonnée par Colbert, les travaux furent entrepris en 1665, incluant le

creusement d'un canal de liaison de l'étang de Thau à la mer. C'est Riquet qui obtint l'adjudication des travaux du canal et de la rade. Sète se développa et connut un essor économique à partir de cette époque. Sa population également est jeune, cosmopolite. C'est une ville tournée vers le Sud, vers la Méditerranée, et qui se laisse pénétrer par elle. Ne la surnomme-t-on pas la Venise languedocienne ?

En cette fin de périple le long des canaux, on pourra prendre plaisir à flâner et à se laisser séduire par les diverses facettes de Sète : ports de pêche, de commerce et de plaisance, canaux, places ombragées ou ruelles étroites, musées en tout genre, sans parler de l'âme des poètes Paul Valéry ou Georges Brassens qui semble planer sur la cité portuaire…

LA POINTE COURTE

Après des kilomètres accomplis au milieu des zones industrielles, nous abordons la ville par ce quartier de pêcheurs qui s'étend en bordure de l'étang de Thau. Cabanes, filets de pêche, mouettes rieuses ou goélands agressifs : les traditions perdurent ici, sans que les promoteurs immobiliers aient réussi à transformer le village des irréductibles pêcheurs en musée Grévin pour touristes gogos. Le lieu avait déjà inspiré la cinéaste Agnès Varda qui y tourna son premier film en 1954, un long métrage annonçant la Nouvelle Vague. C'est aussi la première fois que Philippe Noiret apparaissait à l'écran.

LE CENTRE-VILLE

Il ne comprend pas de monuments prestigieux, ni très anciens. Il suffit de savourer le décor le long du canal qui traverse toute la ville. On remarquera quelques belles façades Art déco, ou celles très colorées du quai du Général-Durand, au niveau du port de pêche. La criée est très animée, car Sète est le premier port de pêche français du littoral méditerranéen. Le Grand canal attire les foules lors des tournois de joutes nautiques. Les plus célèbres sont celles de la Saint-Louis, vers le 25 août.

LE MÔLE SAINT-LOUIS

Construit sous Louis XIV, il ferme et protège le port. C'est d'ici que le navire *Exodus* a pris la mer en 1947 pour emmener quatre mille cinq cents juifs vers le futur État d'Israël. Le port de Sète est toujours très actif, mais, du môle, ce sont surtout des navires de plaisance que l'on voit amarrés dans la marina de l'avant-port.

LE MONT SAINT-CLAIR

Il domine la ville et la mer de ses 182 m. On peut y monter depuis le centre-ville, ou plutôt depuis le môle Saint-Louis, ce qui permet, en empruntant le chemin Saint-Clair, de s'arrêter à mi-pente au cimetière marin où repose le poète Paul Valéry. Le lieu domine la Méditerranée et regarde le large, loin de l'agitation citadine. Du sommet du mont, la vue s'étend sur l'étang de Thau, la ville et le port de Sète, et sur le cordon littoral vers l'est. Juste à côté, la chapelle Notre-Dame-de-la-Salette est un lieu de pèlerinage et de dévotion. Les fresques de Bringuier qui ornent l'intérieur datent de 1954 et sont d'un expressionnisme plutôt angoissant.

L'ESPACE GEORGES-BRASSENS

Le chanteur poète Georges Brassens était natif de Sète. À quelques pas de l'endroit où l'artiste repose, sous un cyprès, dans le cimetière Le Py, l'espace nous retrace toute sa vie et son œuvre grâce à une scénographie originale. Une salle vidéo permet de revoir des concerts et des plateaux de télévision auxquels a participé l'artiste (tél. : 04 67 53 32 77).

LE MIAM (MUSÉE INTERNATIONAL DES ARTS MODESTES)

Le sigle donne tout de suite le ton, en singeant les musées d'art contemporain qui se prennent trop au sérieux. Celui-ci fait tout le contraire. Ses collections se composent uniquement de tout ce que l'on oublie dans les fonds de tiroirs. Des milliers d'objets emblématiques de l'art modeste sont exposés : à commencer par les porte-clés, les cadeaux Bonux, les farces et attrapes, les 45 tours vinyle, etc. (tél. : 04 67 18 64 00 ; 23, quai de Lattre-de-Tassigny).

LE MUSÉE PAUL-VALÉRY ET DES TRADITIONS SÉTOISES

Cet agréable musée, situé tout près du cimetière marin, abrite des peintures d'artistes locaux du XIXe siècle ou contemporains, des documents sur la vie sétoise et sur les joutes. Une salle est entièrement consacrée au poète Paul Valéry, avec des aquarelles, des dessins, mais aussi des manuscrits et des éditions originales de ses œuvres.

Le cimetière marin de Sète

LES ÉTAPES À VÉLO

Bien évidemment, là aussi il ne s'agit que de propositions de l'auteur : à chacun d'inventer son parcours !

1 BORDEAUX → SAINT-MACAIRE **57,5 km**

2 SAINT-MACAIRE → TONNEINS **65,4 km**

3 TONNEINS → AGEN **58,2 km**

4 AGEN → MOISSAC **56,6 km**

5 MOISSAC → TOULOUSE **84,6 km**

6 TOULOUSE → CASTELNAUDARY **65,7 km**

7 CASTELNAUDARY → CARCASSONNE **48,6 km**

8 CARCASSONNE → CAPESTANG **83,5 km**

9 CAPESTANG → AGDE **46,4 km**

10 AGDE → SÈTE **48 km**

Sur les chemins, en toute circonstance les marcheurs ont priorité ; n'oubliez jamais d'être courtois. C'est au cycliste d'avertir le marcheur d'un coup de timbre bien net !
Le vélo qui convient est un hybride : le VTC, doté de sacoches fixes sur le porte bagage et d'un système d'éclairage. N'oubliez pas au garage la trousse de réparations. Pensez aux gants, au casque, au cuissard, au flottant ou au short.
Les TER entre Bordeaux et Toulouse, puis entre Toulouse, Béziers et Sète circulent tout au long du jour dans les deux sens. Les arrêts dans les gares intermédiaires sont nombreux (à vérifier au moment d'emprunter un train, car certains sont directs, d'autres omnibus). Ces trains acceptent gratuitement les vélos en bout de wagon. On monte et on descend soi-même la bicyclette.
Les allers et retours sont simplifiés grâce à cette pratique, on peut également faire des sauts de puce si on ne désire pas accomplir à vélo ou à pied une portion de l'itinéraire.